5천년전 한자의 모양과 소리를 기호로 체계화한 신개념 기호한자(漢字) 학습서!

백자초문

百字抄文

趙 玉 九 지음

학자원

기호한자 100자면 한자걱정 끝!

한글에 자음과 모음이 있듯이

한자에도 기초 14자가 있다

이제, 한자(漢子) 학습은 외울 필요 없는

기초 기호한자 100자로 다시 시작된다.

하늘을 천이라 하다!

사람을 인이라 하다!

땅을 지라 하다!

들어가는 글

1.
'한자'라는 말을 들으면 '어렵다'는 생각이 먼저 떠오른다고 말합니다.
배워야할 한자의 수가 너무 많고 외운 것을 금방 잊어버리기 때문입니다.

한자의 숫자가 많은 것은 우리의 다양한 생각을 개개의 기호에 담아 이해하기 쉽게 표현하려니 불가피한 것이고 '기억한 것을 잊는 것 또한 불가피한 일이 아닐 수 없습니다.

그렇다면 한자는 원래 그렇게 어렵게 만들어진 것일까요?
문자를 연구하는 학자들은 문자의 사회성(社會性)을 강조합니다.
아무리 좋은 논리 체계를 갖춘 글자라도 한 집단 내의 구성원들이 널리 사용하지 않으면 문자로 살아남기 어렵습니다. 날인(捺印)할 때 인장 대신 사용하는 소위 '사인(sign)'이 문자로 통용되지 못하는 것을 생각하면 쉽게 알 수 있습니다.
비밀스럽게 사적으로 만들어지는 것은 문자로 자리 잡기조차 어렵습니다.

그래서 글자의 소재는 모두가 아는 것 예를 들면 하늘의 해와 달과 별, 인체의 손과 발과 눈 그리고 자연의 나무와 풀 등을 택하게 됩니다.
그렇게 하는 것이 의사전달에 도움이 되기 때문입니다.

그럼에도 불구하고 오늘 우리에게 있어서 '한자는 어렵다'라는 것이 공동의 견해입니다.
심지어 한자 전문가들조차 "수 백 번씩 써보고 무조건 외우는 것 외에는 방법이 없다"라고 말합니다.
일부러 어렵게 만든 것도 아닌데 오늘 우리에게 한자는 왜 이렇게 어렵기만 한 것일까요?

이유를 찾는다면 오늘 우리의 사고방식과 한자를 만든 이들의 사고방식의 차이를 꼽을 수 있겠습니다.
사람들은 다양한 방법으로 생각하는 법을 터득하게 되는데, 고대 한자를 만든 이들의 생각하는 방식이 오늘 우리들의 생각하는 방식과 달랐습니다.

예를 들면 우리는 논리학에서 흔히 말하는 귀납법(歸納法)식 사고에 익숙한 반면 고대 한자를 만든 이들은 연역법(演繹法)식 사고에 익숙했습니다.
생각하는 방식이 다르므로 그들에게는 자연스러웠던 것들이 우리들에게는 낯설게 느껴질 수가 있는 것입니다.

여기에 더하여 5,000년의 긴 세월 동안 겪었던 많은 정치적 부침을 통해 고대 선인들이 정립했던 가치의 본질(本質)을 잃어버렸다는 점도 빼놓을 수 없습니다.

2..
가치(價値)는 자체로 체계와 질서를 내포하는데, 우주적 질서 체계에서 인간의 삶을 하나의 논리로 꿰뚫는 명쾌한 논리는 아직 고대 선인들의 수준을 넘어서지 못하고 있으며 그 선인들의 가치 인식 체계를 기호화한 것이 '한자(漢字)'이므로 한자는 여전히 자체로 최고 수준의 철학과 가치기준을 담은 그릇이라 할 수 있습니다.

그럼에도 지금까지 수 천 년에 가까운 세월 한자 학습은, 타인의 글을 읽기 위한 한자의 모양 익히기 정도로 진행되어 왔습니다. 그러다보니 문자가 진리에 이르는 통로로써가 아니라 오히려 사람들의 판단을 더욱 어렵게 하는 소위 '식자우환(識字憂患)' 식 부작용을 나타내는 경우가 많았습니다.

한자를 배우는 것은 한자에 담긴 뜻(의미)을 알기 위한 것이며, 글자 속에 담긴 뜻을 읽어내는 것이야말로 한자를 만든 이들과의 소통의 기회가 되는 것입니다.
우리는 이 소통을 통해서 고대 선인들의 가치 기준을 배워 오늘을 바로 보고 내일을 준비할 수 있는 것입니다.

따라서 이제는 한자 학습의 목적과 방법도 달라져야 합니다. 수천의 한자를 수백 번씩 써보고 억지로 외우는 것은 바른 학습법이 아니어서 제대로 배울 수도 없을 뿐만 아니라 그 속에 담긴 뜻을 하는 것은 더욱 불가능합니다.

단순한 모양 익히기식 한자 학습을 지양하고 한자의 모양 속에 담긴 뜻을 읽어 한자 만든 이들의 가치관을 공유하는 것이야말로 진정한 한자학습의 목적이 되어야 합니다.

'백자초문(百字抄文)'은 바로 이 목적에 합당하게 구성된 최초 신개념 기호한자 학습서입니다.
100자로 선별된 기호체계(설계도)의 이해로 한자의 원리를 터득하므로 쉽고 빠르게 한자를 배울 수 있을 뿐만 아니라 기호 하나 하나가 한권의 도서에 비견될 정도로 깊은 철학을 내포하고 있으므로 이제는 어렵게 한자를 배워 누군가의 저술을 읽는 것이 아니라 한자를 만든 고대인들의 차원 높은 삶의 철학을 직접 체험할 수 있습니다.

이제 '백자초문(百字抄文)'과 함께 어렵고 힘들게 느껴지는 한자 학습의 난관을 극복하고 쉽고 재미있게 한자를 익혀 인성을 일깨우고 개발하는 인문학의 세계로, 가치와 철학이 있는 논리의 세계로, 우리 삶을 일깨우는 깨달음의 세계로 함께 나아갑시다

3...
이 책이 나오기까지 많은 분들이 응원과 격려로 힘을 북돋아주셨습니다. 일일이 이름을 거론하지 못하지만 깊은 감사드립니다.

1800자가 아닌 100자만으로, 억지로 외우지 않고 재미있게 배우는 한자 학습법을 알림으로써 어린이 창의인성교육과 중국어 학습에도 기여한다는 자부심으로 출판을 허락해주신 학자원 김병환 대표님과 정갈한 그림으로 한자의 까다로운 자원(字源) 이해에 도움을 주신 편집부 담당자께 깊은 감사드립니다.

쉽고 재미있게 체계적으로 한자를 배워 평생 짐이 되는 한자로부터 자유로워지고, 이롭게 사용함으로써 인생이 지혜와 가치와 의미로 채워지기를 기대합니다.

2017년 10월
豊壤人 趙玉九

1. 한자 쉽게 배우는 법
-『백자초문』 기호한자 학습법

1) 한자를 만든 사람의 방식으로 생각하기

한자는 생각을 기호로 나타낸 '기호 문자'입니다
때문에 어려운 한자 습득의 비결은 무엇보다도 '한자를 만든 사람의 방식으로 생각하기'입니다.
무조건 외우려고 하지 말고 먼저 한자를 보는 관점을 한자를 만든 사람들의 방식으로 조정하면 한자의 얼개가 보이기 시작합니다. 한자를 만든 설계도가 있기 때문입니다.

이 얼개를 따라 기초한자 100자 정도만 이해하게 되면 900자, 1800자를 억지로 외우지 않고도 쉽게 알 수가 있을 뿐 아니라 한자에 담긴 철학적 소양을 맛볼 수 있습니다. 다음은 한자 만든 사람들의 생각하는 방식에 대한 설명입니다.

① 주소 표기

우리는 주소를 표기할 때 '전라북도 옥구군 서수면 신기리 장평부락'식으로 표현합니다만 미국에서는 이와 반대의 방식으로 표현합니다.

우리가 외연(外延)으로부터 안으로 좁혀오는 방식에 익숙하다면 미국인들은 보다 좁은 단위에서 시작하여 더 넓은 밖을 향하는 방식을 취하고 있습니다.
이 두 종류의 주소 표기법은 사람이 자기를 인식하는 두 가지 관점을 떠올리게 합니다.

우리처럼 밖에서 안으로 들어오는 방식의 표현법은 밖의 세계에 대한 이해가 바탕이 된 사람들만이 가능합니다.
리(里) 보다는 동(洞)이, 동(洞) 보다는 구(區)가, 구(區) 보다는 시(市)가, 나라가, 지구가, 우주가 더 넓고 크다는 것을 알고 있는 사람들만이 밖으로부터 안으로 들어오는 방식으로 자기를 표현할 수 있는 것입니다.

그리고 우리의 가장 밖 외연은 '우주(宇宙)'입니다.
한자를 만든 사람들은 세상 만물을 다 감싸고 있는 소위 큰 하늘집(우주)이 있고 자신은 그 하늘 집에 깃들어 사는 우주적 존재라고 생각했습니다.
우주적 존재라고 생각한 사람들이 한자를 만들었으므로 한자는 '하늘=기원'이라는 우주적 안목이 담겨 있습니다.
그래서 한자는 우주적 관점으로 보아야 합니다.
우주의 기호화가 곧 한자이기 때문입니다.

② 숫자

'하나 둘 셋 넷~열~ 백~ 천~ 만~'
우리의 숫자 이용은 이미 만들어진 숫자를 이용하여 개수를 셈하는 정도여서 우리의 하나는 단순히 '사과 1개' 정도이지만 한자를 만든 이들의 하나는 '하늘'의 의미이며 둘은 '하늘'과 '땅', 셋은 '하늘'과 '땅'과 '만물'의 의미였습니다.

하나는 하늘,
둘은 하늘과 땅,
셋은 하늘과 땅과 만물
넷은 하늘과 땅과 만물과 사람
다섯은 하늘과 땅과 만물과 사람과 나
여섯은 하늘과 땅과 만물과 사람과 나와 나의 몸~

우리의 하나 둘 셋은 그냥 개수를 더하는 방식이지만 그들의 하나 둘 셋은 우주라는 공간을 나누는 방식이라는 것을 알 수 있습니다. 때문에 우리의 셈법은 숫자의 증가이지만 그들의 셈법은 영역의 축소라는 묘한 차이가 있습니다.
우주적 관점에서 셈하기 때문입니다.

③ 연역법과 귀납법

한자를 만든 사람들의 생각하는 방식을 연역법(演繹法)과 귀납법(歸納法)으로 설명할 수도 있습니다.
귀납법은 개개의 사실에 대한 이해를 통해서 전체로 나아가는 방식이고 연역법은 전체를 관통하는 이치와 질서에 대한 이해를 개개의 사물에 적용하는 방식인데, 한자를 만든 사람들의 생각하는 방식이 연역법과 닮아 있습니다.

한자를 만든 사람들은 연역법식 사고에 익숙한 사람들로써 연역법의 방식으로 한자를 만들었는데 귀납법식 사고에 익숙해진 우리는 귀납법의 관점으로 한자를 보기 때문에 서로 관점이 달라 한자를 알기 어려웠던 것입니다.
한자를 쉽게 익히기 위해서는 먼저 한자를 만든 사람들이 외연(外延)이라고 생각했던 '우주(宇宙)'에 대한 이해가 선행되어야 합니다.

하늘에서 시작하여 세상으로 나오는 방식으로 생각하는 습관을 길들이면 한자의 이해는 물론 한자를 배우는 동안 저절로 세상을 보는 안목이 생기게 됩니다.

2) 음(소리)의 체계로 한자 보기

-하늘을 왜 천이라 할까?

한자는 보통 '모양(形)'과 '의미(義)'와 '소리(音)'의 3요소로 구분하며 이 세 가지 요소가 결합하여 하나의 완성된 개념을 나타내게 됩니다.
그런데도 우리는 '한자는 뜻글자이므로 소리는 의미가 없다'라고 하여 음을 무시해버립니다.

예를 들어 '天'자는 '하늘 천'으로 풀이하는데, 이것은 모양과 의미를 고려한 것으로 '천'이라는 소리(音)의 의미가 생략된 풀이입니다. 그러다보니 '天'의 '하늘'이 어떤 하늘인지 알 수가 없는 것입니다.

'백자초문(百字抄文)'에서는 한자를 '하늘 천', '따 지' 식으로 무조건 외우지 말고 '하늘을 왜 천이라 할까?', '땅을 왜 지라 할까?'라는 식으로 자문하기를 제안합니다.
한자를 이렇게 보기 시작하는 순간 한자는 음을 중심으로 엄정한 체계와 질서를 드러내게 됩니다.
한자 역시 음(소리)이 생명이며 한자의 가치와 의미는 한자의 음(소리)에 있습니다.

3) 한자와 한글의 관계

'한글은 우리 글자, 한자는 중국 글자'라는 선입견 때문에 우리 글자인 한글을 두고 한자를 배우는 것에 대해 부정적인 생각을 가지게 되는데, 이것은 우리 한자와 한글을 잘 알지 못한데서 비롯된 편견이며 오해입니다.

'백자초문(百字抄文)' 기호한자의 관점에서 보면 한자와 한글은 하나의 기원에서 출발한 두 개의 문자입니다.
한글의 자음 모음과 한자의 기초 요소는 정말 놀랍게도 서로 같습니다.

한자와 한글은 하나의 기원에서 서로 다른 쪽으로 발전한 쌍둥이 문자입니다.
소리를 적기에 용이한 한글과 뜻을 나타내기에 편리한 한자로 서로 달리 발전한 것일 뿐 두 개의 문자는 기초 요소를 공유한, 기원이 같은 문자입니다.

한자는 한글의 뜻풀이 사전입니다. 한글은 한자의 도움을 받아야 비로소 그 뜻을 바로 알 수 있습니다.

2. 백자초문(百字抄文) 기호체계

1) 한자의 기원

① 기본 14자

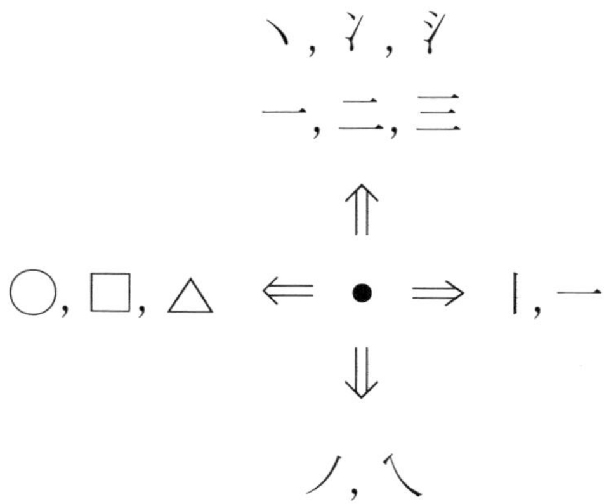

② 한자의 기원 풀이

i) • (점 주)

i -1) • ⇒ 丨, 一

i -2) • ⇒ 丿, 乀

i -3) • ⇒ ○, □, △

i -4) • ⇒ 一 → 二 → 三

i -5) • ⇒ 丶 → 冫 → 氵

ii) 丨(꽂을 곤)

ii-1) 丨 ⇒ 丨 ⇢ 刂 ⇢ 川

ii-2) 丨 ⇒ 丨 ⇢ 巛 ⇢ 巛

ii-3) 丨 ⇒ 丨 ⇢ 中 ⇢ 朱 ⇢ 相, 耂, 者, 都

ii-4) 丨 ⇒ 丨 ⇢ 月 ⇢ 舟

ii-5) 丨 ⇒ 卜, 丰, 父, 尹, 申, 聿, 干, 于, 巾

iii) 一(한 일)

iii-1) 一 ⇒ 一 ⇢ 二 ⇢ 三

iii-2) 一 ⇒ 一 ⇢ 乙 ⇢ 也

iii-3) 一 ⇒ 一 ⇢ 旦 ⇢ 亘

iii-4) 一 ⇒ 亠

iii-5) 一 ⇒ 雨, 工, 亟

iv) ノ(비칠 별)

iv-1) ノ ⇒ ノ ⇢ 勹 ⇢ 包, 句, 勾, 色
iv-2) ノ ⇒ ノ ⇢ 夂 ⇢ 灸
iv-3) ノ ⇒ ノ ⇢ 白 ⇢ 自
iv-4) ノ ⇒ 乏, 戶, 向, 牙, 戈, 犮

v) ㇏(파임 불)

v-1) ㇏ ⇒ 弋 ⇢ 戈 ⇢ 伐
v-2) ㇏ ⇒ 弌 ⇢ 弍 ⇢ 弎
v-3) ㇏ ⇒ 丈

vi) ○(둥글 원)

vi-1) ○ ⇒ 可, 如,
vi-2) ○ ⇒ 囗 ⇢ 囫, 圇, 圓, 因, 囚

vii) 口(입 구)

vii-1) 口 ⇒ 口 ⇢ 口口, 呂 ⇢ 口口口, 品
vii-2) 口 ⇒ 口 ⇢ 凵 ⇢ 冂 ⇢ 匚 ⇢ 匸
vii-3) 口 ⇒ 呑, 各, 國

viii) △(삼합 집)

vii-1) △ ⇒ △ ⇢ △△ ⇢ △△△(山)
vii-2) △ ⇒ △ ⇢ △△ ⇢ 參
vii-3) △ ⇒ 今, 食, 會, 仝

viii) 人(사람 인)

viii-1) **人** ⇒ 天 ⇢ 王, 大, 夫 ⇢ 立, 夭, 尢
viii-2) **人** ⇒ 亻, 儿,
viii-3) **人** ⇒ 氏 ⇢ 民 ⇢ 艮 ⇢ 長

ix) 手(손 수)

ix-1) **手** ⇒ 扌, 又, 寸, 力, 九, 司, 才, 爪, ⺤, 彐
ix-2) **手** ⇒ 非, 兆, 友, 臼, 廾, 受, 左, 右
ix-3) **手** ⇒ 劦, 若, 拋, 共, 异
ix-4) **手** ⇒ 看, 差, 着

x) 足(발 족)

x-1) **足** ⇒ 止, 之, 夕, 夂, 夊, 疋
x-2) **足** ⇒ 癶, 舛, 韋, 多, 步

2) 한글의 기원

① 자음

i) ‘ㄱ, ㄴ, ㄷ, ㄹ’ 만들기

● ⇨ ㅣ+ㅡ

● ⇨ ㅣ+ㅡ ⇨ ㄱ, ㄴ, ㄷ, ㄹ

ii) ‘ㅇㆆㅎ’, ‘ㅅㅈㅊ’, ‘ㅁㅂㅍ’ 만들기

○ ⇨ ㅇ, ㆆ, ㅎ

□ ⇨ ㅁ, ㅍ, ㅂ

△ ⇨ ㅅ, ㅈ, ㅊ

iii) ‘ㅋ, ㅌ’ 만들기

ㄱ + ● = ㅋ

ㄷ + ● = ㅌ

② 모음

i) 'ㅏ, ㅓ, ㅗ, ㅜ, ㅡ, ㅣ' 만들기

• ⇨ • , ㅣ, ㅡ

ㅣ + • = ㅏ, • + ㅣ = ㅓ

• + ㅡ = ㅗ, ㅡ + • = ㅜ

ii) 'ㅑ, ㅕ, ㅛ, ㅠ' 만들기

ㅏ + ㅏ = ㅑ, ㅓ + ㅓ = ㅕ

ㅗ + ㅗ = ㅛ, ㅜ + ㅜ = ㅠ

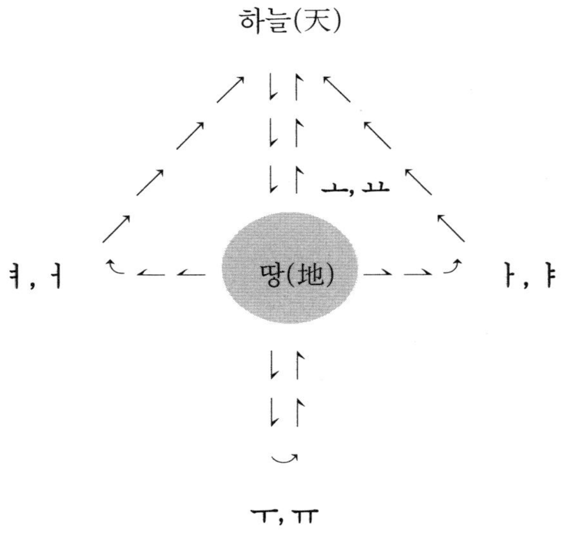

〈모음의 의미 흐름도〉

3. '百字抄文'의 구성

1) 백자초문(百字抄文) 100자는 한자를 만든 사람들의 생각하는 방식에 따라 선정하였습니다.
2) 100자 한자는 기초 자원 위주로 선정하였으므로 부수(部首) 한자와도 상통합니다. 100자로 214자 부수를 망라하도록 재조정 하였습니다.
3) 기초 자원이 되는 한자마다 만들어지는 배경과 의미 그리고 각각의 관련한자를 추가하여 자원에 대한 정확한 이해가 가능하도록 하였습니다.
4) 한자의 '모양'과 '의미'와 '소리'의 관계 즉 한자의 3요소를 연결하여 기초한자의 원초적 의미를 중심으로 전체에 대한 이해가 쉽도록 하였습니다.
5) 어린이나 한자를 처음 대하는 분들은 좌측면의【배경】【의미】를 먼저 읽고 우측면의【관련한자】는 차후에 보시기를 권합니다.
6) 한자를 우리말과 연계하여 보다 쉽고 재미있게 공부할 수 있도록 하였습니다.
7) 목차에서 획수가 다른 한자들(2획의 宀, 4획의 七 등)은 이해를 돕기 위해 획수와 무관하게 연계해서 수록하였습니다.

차 례

017. 八(여덟 팔)-入
018. 丁(넷째 천간 정)
019. 人(사람 인)-亻, 儿, 天, 大, 夭, 巳, 走
020. 氏(각시 씨)-民, 艮, 長

p86 〈3획〉

021. 氵(물 수)
022. 小(작을 소)
023. 川(내 천)
024. 彡(터럭 삼)
025. 亼(삼합 집)
026. 弋(주살 익)
027. 口(입 구)
028. 冂(먼데 경)-凵, 匚, 匸
029. 土(흙 토)-士
030. 女(여자 여)
031. 子(아들 자)
032. 屮(싹 철)

p110 〈4획〉

033. 弓(활 궁)
034. 日(해 일)
035. 月(달 월)
036. 井(우물 정)-丹, 甘, 耳, 巨, 牙, 其, 某, 靑, 互, 瓦

037. 斗(말 두)
038. 尸(주검 시)
039. 七(일곱 칠)-匕
040. 手(손 수)-扌, 又, 寸, 才, 司, 左, 右, 爫, 爪, 力, 九, 彐, ⺕
041. 非(아닐 비)-反, 友, 臼, 兆, 廾, 共, 异, 劦, 若, 受, 授
042. 斤(도끼 근)
043. 文(무늬 문)
044. 方(모 방)
045. 木(나무 목)-本, 未, 末, 半, 皮, 支, 片, 爿, 疒
046. 不(아닐 불)
047. 牛(소 우)-午
048. 心(마음 심)
049. 欠(하품 흠)
050. 耂(늙을 로)
051. 火(불 화)
052. 五(다섯 오)

p160
〈5획〉

053. 田(밭 전)
054. 毋(어미 모)
055. 目(눈 목)
056. 皿(그릇 명)
057. 矢(화살 시)-至
058. 用(쓸 용)
059. 禾(벼 화)

060. 且(또 차)
061. 罒(그물 망)
062. 乍(잠깐 사)
063. 乎(어조사 호, 온 호) - 平

p182 〈6획〉

064. 羊(양 양)
065. 聿(붓 율)
066. 而(말 이을 이)
067. 衣(옷 의)
068. 羽(깃 우)
069. 舟(배 주)
070. 缶(장군 부)
071. 米(쌀 미)
072. 冎(뼈 발라낼 과)

p200 〈7획〉

073. 言(말씀 언) - 音
074. 足(발 족) - 止, 之
075. 夕(저녁 석) - 夂, 夊
076. 癶(등질 발) - 舛
077. 疋(필 필, 발 소)
078. 束(묶을 속) - 東, 柬
079. 貝(조개 패)
080. 車(수레 차, 수레 거)

p218 〈8획〉

081. 雨(비 우)
082. 卒(군사 졸)
083. 昔(예 석)
084. 金(쇠 금)
085. 來(올 래)
086. 咅(침 부) - 商
087. 門(문 문)

p232 〈9획〉

088. 昷(어질 온)
089. 韋(다룸가죽 위)
090. 首(머리 수) - 頁
091. 革(가죽 혁)

p240 〈10획~〉

092. 鳥(새 조) - 隹
093. 黑(검을 흑)
094. 僉(다 첨)
095. 蜀(나라 이름 촉)
096. 倝(해가 뜰 때 햇빛이 빛나는 모양 간)
097. 麻(삼 마)
098. 無(없을 무)
099. 曾(일찍 증)
100. 龍(용 룡)

백자초문

百字抄文

001. 丶(점 주) : 세상 만물을 감싼 우주, 하늘

丶

(점 주, 하늘 주)

【배경】

'•'은 세상 만물을 다 감싼 우주
우주는 거대한 둥근 알, 한 알, 한울, 하날, 하늘
하늘은 둥글다. 해도 지구도 공처럼 둥글다.

하늘은 첫 째, 세상 전부 하나다.
하늘이 준 씨, 하늘에서 온 씨. 살아있다. 움직인다.

【의미】

① 점
② 둥글다, 알, 씨, 공
③ 하늘, 우주, 해, 불, 용암, 한, 하나, 첫 번째, 첫째
④ 살아있다. 움직인다. 새롭다. 전부. 모두

【관련한자】

丶(점 주) ; 점점 커지고 점점 작아지는 우주(하늘, 해)
凡(무릇 범) ; 만물은 잠시 이는 물결과 같다(几=물결 + 丶=만물)
丸(알 환) ; 주먹처럼 둥근 알(九=주먹(손) + 丶=해(둥글다))
斥(개척할 척) ; 봉지를 개척하다(斤=땅(봉지) + 丶=새롭다)
丼(우물 정) ; 물이 처음 생기는 북두칠성(井=칠성 + 丶=물)
刃(칼날 인) ; 칼의 날은 칼의 뿌리다(刀=칼 + 丶=날(해불, 뿌리))
叉(깍지 낄 차) ; 손 모아 둥글게 깍지 끼다(又=손 + 丶=둥글다)
犬(개 견) ; 사람 곁을 따르는 해 같은 존재 개(大=사람 + 丶=해)
丹(붉을 단) ; 밤의 뿌리인 칠성에 뿌리를 두다(井=칠성→丹)
甘(달 감) ; 하늘 칠성에서 오는 은밀한 맛(井=칠성→甘)
生(날 생) ; 땅에 풀이 생겨나다(土=토해내다, 나다 + 丶=생명)
日(해 일) ; 하늘에 있는 둥근 해 (口=하늘 + 丶=해)

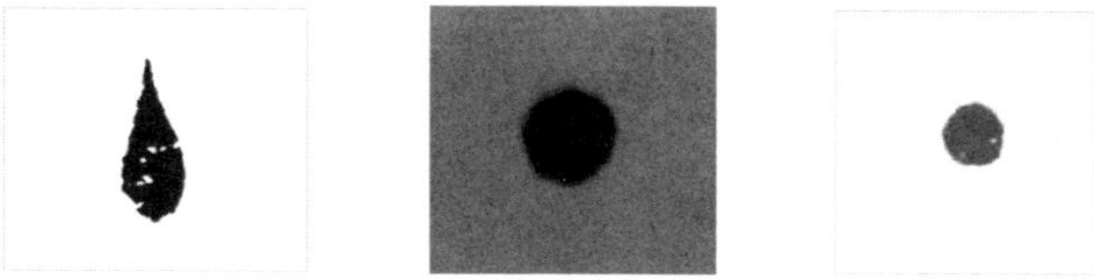

* '丶'은 이 세상 만물을 다 포함하는 우주의 상징
* '점'은 점점 커지고 점점 작아지는 '우주(宇宙)'의 상징

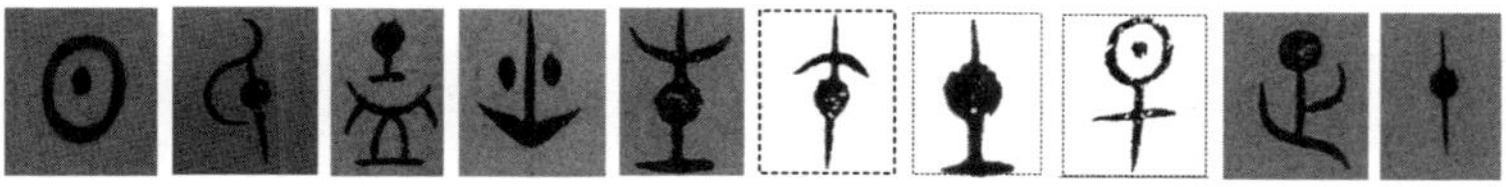

위에 예로든 옛 글자들은 모두 그 안에 '丶'을 하나씩 가지고 있음을 알 수 있는데 이는 '하늘'안에 있다는 것을 나타내는 한자식 표현이다

002. 丨(꽂을 곤) : 땅에 꽂혀있다, 서있다

丨

(꽂을 곤, 상하로 통할 신)

【배경】

서 있다
하늘에서 내려와 땅에 서 있다
꽂혀있다
하늘에서 땅으로, 땅에서 하늘로 내려오고 올라간다
사다리다
하늘과 땅이 서로 소통한다

【의미】

① 하늘, 하늘이 내려오다, 하늘에서 내려오다
② 위아래로 통하다, 하늘과 땅을 연결하다(=사다리)
③ (하늘의) 표시, (하늘의) 권위, 권세
④ (하늘에서 온) 사람
⑤ 나무, 기둥, 산가지

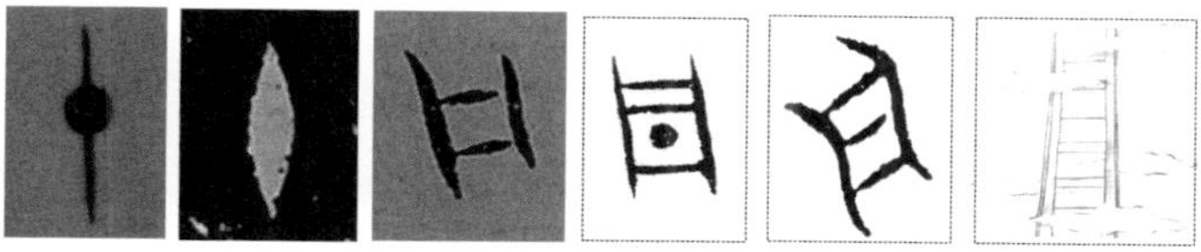

'丨(뚫을 곤)'은 사다리

【관련한자①】

丨(뚫을 곤, 꽂을 곤) ; 하늘과 땅을 잇다, 서 있다, 꽂혀있다
刂(칼 도) ; 둘로 가르다(丨+丨=刂)
川(내 천) ; 샘에서 나와 강, 바다로 흐르는 시내(丨+刂=川)

【관련한자②】

屮(싹 철) ; 나무에 싹이 나다(丨=나무+ソ=싹)
卜(점 복) ; 넓은 우주에서 위치를 점치다(丨=서다, 나+丶=우주)
申(펼 신) ; 두 손으로 잡아 펼치다(丨=내려오다, 서다+臼=두 손)
聿(붓 율) ; 하늘의 이치를 기록하는 붓(丨=하늘 이치+又=잡다)
隶(미칠 이) ; 하늘이 내려오다, 미치다(丨=하늘+又=잡다)
父(아비 부) ; 하늘과 나를 이어주신 분(丨=하늘+又=잡다)
尹(다스릴 윤, 맏 윤) ; 아버지와 같은 맏이(丨=하늘+又=잡다)

父(아비 부)　尹(다스릴 윤, 맏 윤)　律(법 률{율})

모두 '丨'을 손으로 잡고 있는 모양이다

003. 一(한 일) : 누운 하늘, 땅에 내려온 하늘

一

(한 일)

【배경】

하늘
하늘이 첫째, 첫 번째다

하늘이 내려온다
하늘이 땅에 내려와 누었다
땅이다. 누님이다, 여자다, (남자가 양, 여자는) 음이다

【의미】

① 하늘, 한, 하나
② 땅, 음(陰)
③ 여성, 누이, 누에, 누웠다
④ 온전하다

【관련한자①】

下(아래 하) ; 하늘의 아래쪽(一=하늘+丨=아래를 향하다)
兀(우뚝할 올) ; 하늘의 작용이 으뜸이다(一=하늘+儿=걷다, 작용)
弋(주살 익) ; 하늘에서 가져가다(一=하늘, 위+㇏=가져가다)
百(일백 백) ; 하늘의 해(一=하늘, 위+白=빛나는 해)
雨(비 우) ; 하늘 위에서 날아오는 비(一=하늘, 위+丨=내려오다)

上(위 상) ; 땅의 위쪽(一=땅+丨=위를 향하다)
旦(아침 단) ; 땅 위로 해가 떠오르는 아침(一=땅+日=해)
晝(낮 주) ; 해가 땅 위에 붙들린 동안(聿=붙잡다+日=해+一=땅)
丕(클 비) ; 땅 위의 둥근 해가 크다(不=불, 해+一=땅)
亘(걸칠 긍) ; 하늘과 땅 사이에 걸치다(二=하늘 땅+日=해)

* '一'은 점(丶)이 수평으로 길게 늘어난 모양으로, '하늘이 내려와 땅에 누었다(· → 一)'는 의미를 나타낸다.
* '丨' = 하늘이 내려와 서다, '남성', '양'의 상징
  '一' = 하늘이 내려와 눕다, '여성', '음'의 상징

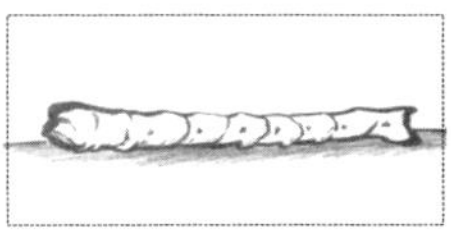
누에의 모양

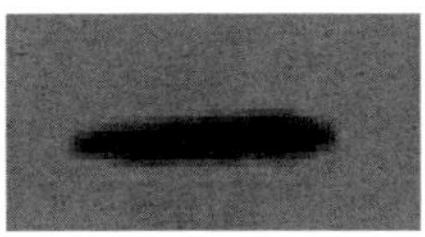
一(한 일)의 모양

旦(아침 단)의 옛 글자
해가 땅에 닿아 있다는 의미

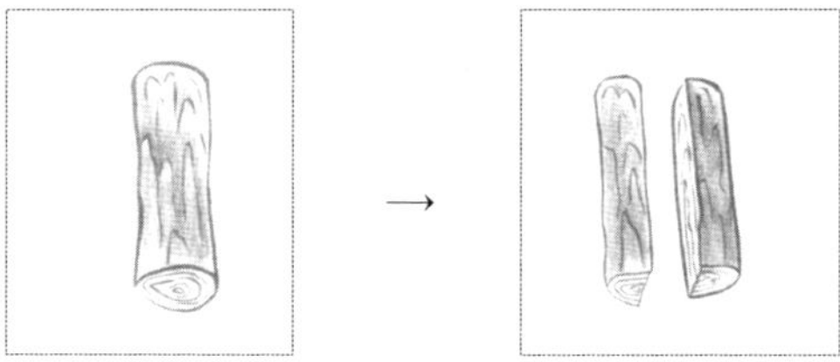

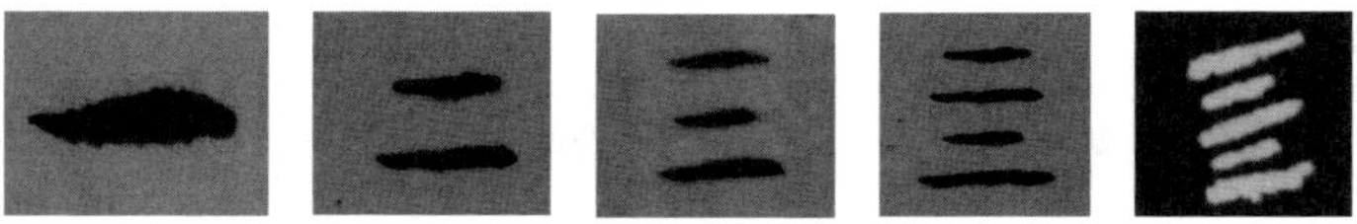

【관련한자②】

一(한 일) ; 하늘을 일이라 하다, 하늘은 한, 하나
-하늘

二(두 이) ; 하나 위에 또 하나를 두다(一=땅+一=하늘)
-하늘, 하늘과 땅. 땅

三(석 삼) ; 둘 사이에 또 하나를 섞다(二=하늘, 땅+一=한, 만물)
-하늘, 땅, 만물, 하늘과 땅과 만물

四(넉 사) ; 만물 중에서도 중심이 되는 사람
-하늘, 땅, 만물 그리고 네 번째인 사람

五(다섯 오) ; 하늘에서 온 나
-하늘, 땅, 만물, 사람 그리고 다섯 번째인 나

【관련한자③】

一→亠

亠(두돼지해밑 두) ; 하늘이 땅에 내려오다(一=땅+丶=하늘)
亢(목 항) ; 머리 몸통 연결하는 목(亠=머리)+儿=물결, 받치다)
玄(검을 현) ; 오래되어 가물가물하다(亠=하늘+幺=내려오다)
亦(또 역) ; 해의 작용은 반복된다(亠=해, 하늘+灬=작용하다)
京(서울 경) ; 햇볕, 볕이 잘 드는 벌판(亠=위+□=해+小=비치다)
亡(망할 망) ; 내려와 스며들다(亠(人)=내려오다+ㄴ=내려오다)
亨(형통할 형) ; 천지인의 조화(亠=만물, △+□=땅+了=하늘, ○)
享(누릴 향) ; 천지인의 조화(亠=만물, △+□=땅+了=하늘, ○)
亩(이랑 무) ; 볕이 내려와 작용하는 밭(亠=해+田=해의 일터, 밭)

* '亠'자는 땅(一)에 내려온 하늘(丶)의 의미로, 제단의 상징이다. 제단에는 하늘이 내려온다고 믿었다.
* '뜻 없는 토 두', '두돼지해밑 두' 등으로 쓴다.

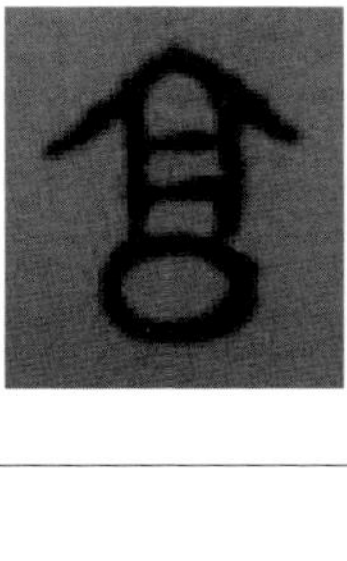

亨(형통할 형)의 옛 글자

'△□○'의 결합으로 되어 있으며
윗부분 '△'이 변하여 '亠'가 되었음을 알 수 있다.

004. 丿(비칠 별) : 위 하늘에서 땅으로 비치는 별

丿

(비칠 별, 삐침 별)

【배경】

별빛이 비친다
위 하늘에서 아래 땅으로 별빛이 비친다
위에서 아래로, 하늘에서 땅으로 비치는 것이
먼저다, 순리다, 순행이다, 좌행이다, 자연의 이치다

【의미】

① (별빛이) 비치다
② 작용하다
③ 이어지다
④ 순행(順行), 순방향

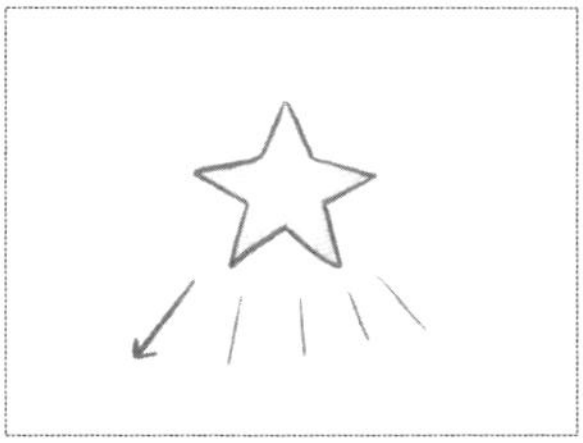

【관련한자】

丿(삐침 별) ; 별 빛이 비치다, 삐치다

白(흰 백) ; 햇빛이 비치다(해의 색)(丿=비치다, 작용+日=해)

自(스스로 자) ; 하늘이 땅에 와서 스스로(丿=작용+日=해, 하늘)

戶(집 호) ; 칠성처럼 사람을 보호하는 집 (丿=작용+尸=칠성)

乏(가난할 핍) ; 쓰고 또 써서 가난하다(丿=작용+之=가다)

系(이을 계) ; 하늘에서 이어지다(丿=작용, 연결+糸=연결)

* '丿'은 별빛, '乀'은 불빛으로, 상대되는 두 방향을 나타낸다.
* '丿'=별빛, 위에서 아래로, 우에서 좌로, 하늘에서 땅으로
  '乀'=불빛, 아래에서 위로, 좌에서 우로, 땅에서 하늘로

005. 乀(파임 불) : 땅에서 하늘 향해 타오르는 불

乀

(어긋날 불, 파임 불)

【배경】

불이 타오른다
위 하늘 향해 불이 타오른다
뿌리인 하늘, 해 향해 불이 타오른다

(하늘에서 땅으로 비치는 것이 순리이므로)
땅에서 하늘로 비치는 것은
우행이다, 어긋난 것이다, 역행이다

【의미】

① 불이 타오르다, 위 하늘 향해 타오르다
② 역행(逆行), 어긋나다, 아니다(=파이다)
③ 하늘에서 거두어 가다, 빼앗아 가다, 취하다

【관련한자】

弋(주살 익) ; 위 하늘에서 가져가다(一=하늘+㇏=하늘로 가다)

戈(창 과) ; 빼앗아갈 것처럼 위협하는 창(弋=취하다+丿=작용)

八(여덟 팔) ; 좌우로 열고 닫다(丿=좌 작용+㇏=우 작용)

乂(벨 예) ; 하늘이 낸 것을 거두다(丿=좌 작용+㇏=우 작용)

좌행은 하늘에서 땅을 향하는 방향(丿)이고
우행은 땅에서 하늘을 향하는 방향(㇏)이다.

하늘이 있는 위로
불이 타오르는 모양

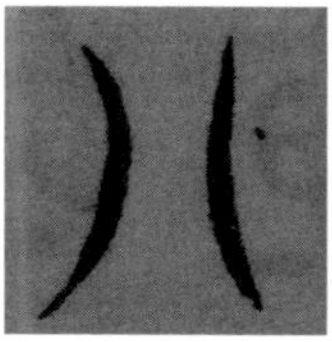

八(여덟 팔)의 옛 글자
'丿'과 '㇏'의 결합으로 열고 닫는
두 팔의 기능과도 관련이 있다.

* 옛 선인들은 하늘에서 땅을 향하는 것이 순리이고
  땅에서 하늘을 향하는 것은 이치를 거스르는 것으로 여겼다.
* 좌측과 왼손은 땅에 속한 쪽,
  우측과 오른손은 하늘에 속한 쪽으로 구분하였다.

006. 乙(새 을, 싹 을) : 누에의 나방, 씨의 싹

乙

(새 을, 싹 을)

【배경】

누에
고치 짓고
나방(새) 되어 날아가다
나방은 누에의 다음

씨에서 싹이 나다
싹은 씨의 다음

【의미】

① 나방, 새
② 어린 싹, 굽었다, 나오다, 다음
③ 여자, 음
④ 해, 하늘, 하나, 알, 둥글다

【관련한자】

乙(새 을) ; 누에가 변한 나방, 씨에서 갓 나온 싹, 여성
乳(젖 유) ; 자손을 위해 하늘이 준 젖(孚=자손+乙=나오다)

也(어조사 야) ; 생명을 잉태하는 기관(乙=여성+乙=여성, 자궁)
池(못 지) ; 온갖 생명을 잉태하는 못(氵=물, 작용+也=자궁, 잉태)
地(땅 지) ; 생명을 잉태하는 땅(흙)(土=흙+也=자궁, 잉태)

鳦(제비 을) ; 해 닮은 태양의 새(鳥=새+ノ=작용+乙=해, 하늘)
乾(하늘 건) ; 제사의 대상인 하늘(𠦝=종묘, 해돋이+乙=새, 자손)

씨에서 싹이 나오는 모양

孔(구멍 공)의 옛 글자
우측에 '乙'의 옛 모습이 보인다

* 'ㅣ'은 남성을 나타내고 'ㅡ'은 여성을 나타낸다.
* '누에(ㅡ)'가 변한 '나방(乙)', '새 을'의 '새'는 '나방'이다.
* 'ㅡ'을 '씨'로 보면 'ㅡ'의 다음 단계인 '乙'은 '싹'이다.
* '乙'은 'ㅡ'에서 변화된 것으로 'ㅡ'의 다음 단계가 '乙'이다.

007. 冫(얼음 빙) : 식어 형상을 가진 두 번째, 얼음

冫

(두 번째 빙, 얼음 빙)

【배경】

용암이 식어 바위 되다
식는 것은 차가워진 것, 차가워지면 굳는다.
굳으면 단단해지고 몸(형상)을 갖게 된다
불덩이인 용암이 첫째, 차갑게 식은 바위는 두 번째다

추우면 물이 언다.
얼음은 물의 몸, 추워서 생긴 물의 몸이다.

【의미】

① 차다, 식었다, 굳었다, 되었다
② 몸, 형상, 얼음, 물의 몸, 물의 형상
③ 두 번째, 둘째

【관련한자】

冫(얼음 빙) ; 얼음은 뜨거운 것의 다음 두 번째

次(버금 차) ; 차가운 것은 뜨거운 것의 다음(冫=차다+欠=오다)

冶(불릴 야) ; 몸(형상)을 가졌다(冫=식어 굳었다+台=태어나다)

冷(찰 냉) ; 날씨가 차다(冫=식어 굳었다+令=하늘의 기운)

凉(서늘할 량) ; 햇볕이 점차 식어가다(冫=식었다+京=햇볕)

凍(얼 동) ; 추운 쪽으로 작용하다(冫=얼다+東=작용하다)

冬(겨울 동) ; 날씨가 추운 동안(冫=춥다+夂=발(해, 날씨))

一 → 二 → 三

丶 → 冫 → 氵

* '丶'와 '冫'은 '용암'과 '바위'의 관계를 나타낸 것
* 용암(불덩이) ⇨ 바위(식으면서 굳는다) ⇨ 모래(가루, 흩어짐)
  丶(一) 冫(二) 氵(三)

* 지구는 처음에는 뜨거운 불덩이였다가 점차 식어서 살기 좋은 땅이 되었으므로 뜨거운 불덩이는 첫째, 식은 땅은 두 번째다.

008. 刂(칼 도, =刀) : 하나를 갈라 나누는 칼

刂

(칼 도, 가르다)

【배경】

하늘은 원래 하나다
하늘 하나에서 나뉘어 하늘 땅 둘이다
하나, 둘에서 나뉘어 여럿이다

가르는 것, 나누는 것이 칼이다
칼은 갈라서 나눈다
둘로 나눈다

【의미】

① 칼
② 가르다, 자르다
③ 나누다

【관련한자】

刂 = 刀

刀(칼 도) ; 칼은 가르고 자르는 도구, 둘로 나누다
刃(칼날 인) ; 칼은 날이 뿌리다(刀=칼, 가르다+丶=날, 뿌리)
刂(칼 도) ; 칼은 가르는 도구, 자르는 도구, 둘로 나누다
刊(책 펴낼 간) ; 섭리를 분별해 내다(干=섭리+刂=분석)
刑(형벌 형) ; 몸을 베다(幵=하늘이 오다, 몸+刂=베다)

分(나눌 분) ; 나누고 또 나누다(八=나누다+刀=나누다)
芬(향기로울 분) ; 꽃에서 나뉘어 오는 향기(艹=풀+分=나누다)
紛(어지러워질 분) ; 여러 가닥으로 나뉘다(糸=실, 가닥+分=나뉘다)
粉(가루 분) ; 곡식의 나뉘어진 가루(米=곡식+分=가루)

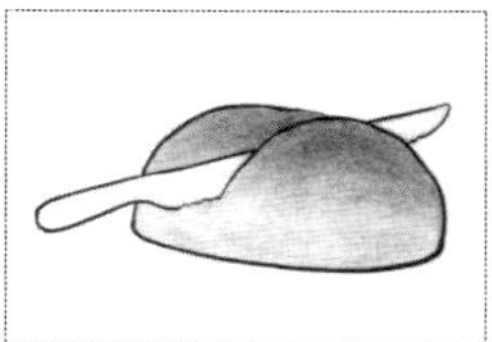
빵을 둘로 나누는 칼

둘로 가르는 칼

* 刀, 刂는 칼의 기능인 '둘로 나누다', '가르다' 등의 의미를 나타낸다.

009. 二(두 이) : 하나 위에 또 하나 두어 둘

二

(두 이)

【배경】

하나(一)는 하늘이다.
하나 위에 또 하나를 두어 둘이다.
둘은 하늘과 땅이다.
땅은 두 번째 하늘이다. 땅은 하늘이다
둘도 하늘이다.

【의미】

① 하늘, 해
② 땅
③ 두다, 둘, 두 번, 두 번째
④ 나누다

【관련한자】

二(두 이) ; 하나 위에 또 하나 두어 둘, 하늘 나누어 하늘과 땅
仁(어질 인) ; 낳고 기르는 하늘, 땅을 닮다(亻=닮다+二=하늘, 땅)
示(보일 시) ; 해, 달, 별의 빛으로 보인다(二=하늘+小=비치다)
于(갈 우) ; 하늘이 땅으로, 세상으로 가다(二=하늘, 해+亅=가다)
干(방패 간) ; 하늘이 와서 방패처럼 지켜준다(二=하늘+亅=가다)
工(장인 공) ; 하늘, 땅을 연결하는 사람(二=하늘, 땅+丨=연결)
亘(걸칠 긍) ; 하늘 땅 사이에 걸친 해(二=하늘, 땅+日=해)
亙(걸칠 긍) ; 하늘 땅 사이에 걸친 달(二=하늘, 땅+月=달)

三(석 삼) ; 둘 사이에 하나를 섞어 삼이다(二=하늘, 땅+一=하나)
丰(예쁠 봉) ; 천지인 셋을 갖춰 예쁘다(三=셋, 천지인+丨=오다)

하나

→

나누어 둘

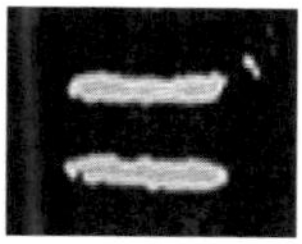

위에 또 하나를 두어 둘

* '二'는 '一'을 둘로 나눈 모양이다.
* 하나와 둘의 관계는 하늘과 땅의 관계이며, 하늘이 첫 번째 땅은 두 번째라는 의미다.

010. 厶(사사 사) : 하늘과 나만의 은밀한 관계

厶

(사사 사)

【배경】

위에서 내려온다
위에서 떨어진다
물방울이 떨어지듯 위에서 내려온다
하늘이 만물에게 성품을 준다
은밀하게 준다

【의미】

① 하늘에서 내려오다, 떨어져 나오다
② 사사롭다, 개인적이다, 주관적이다
③ 천성(天性), 성품

【관련한자①】

厶(사사 사) ; 하늘이 만물에게 은밀하게 주다
私(사사 사) ; 해가 벼를 기르듯 은밀하다(禾=벼+厶=내려오다)
厷(팔뚝 굉) ; 손이 내려온 곳 팔뚝(又=손+厶=내려오다)
參(석 삼) ; 하늘의 성품을 타고난, 삶을 가진 세 번째 만물
(厶=셋, 내려오다+八=열다+彡=셋)
台(별 태, 나 이) ; 별에서 태어난 나(厶=위에서오다+口=땅, 나)
始(처음 시) ; 중심이 처음 내려오다(女=중심+台=내려오다)
治(다스릴 치) ; 하늘의 이치는 다 살리는 것,
이치에 따르게 하다(氵=작용+台=하늘에서 오다)

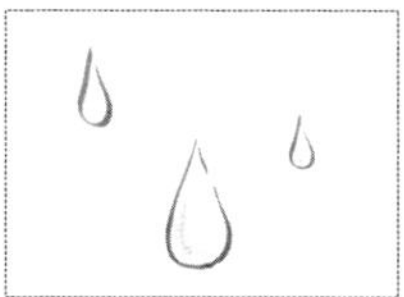

떨어지는 물방울

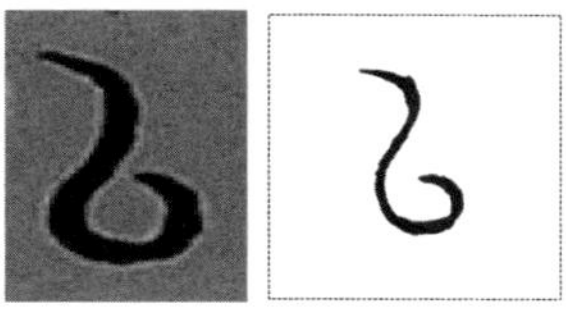

물방울처럼 내려오는 厶

厶에는 씨앗이 담겨있다

* 이 세상에 있는 것들은 모두 하늘에서 내려왔다.
* 하늘은 만물을 만들면서 각각 고유한 성품을 주었다.
* 하늘로부터 타고난 성품을 천성(天性), 개성(個性)이라고 한다.
이 성품은 오직 하늘과 나만의 극히 사적인 것이다.

【관련한자②】

厶→幺

幺(작을 요) ; (내려오고 또 내려온 후손은) 작고 어리다(厶+厶)
玄(검을 현) ; 오래 되어 가물가물하다(亠=하늘+幺=내려오다)
幻(변할 환) ; 내려오며 변했다(幺=내려오다+ㄱ=내려오다)
幼(어릴 유) ; 후에 태어난 어린이(幺=내려오다+力=손, 자손)

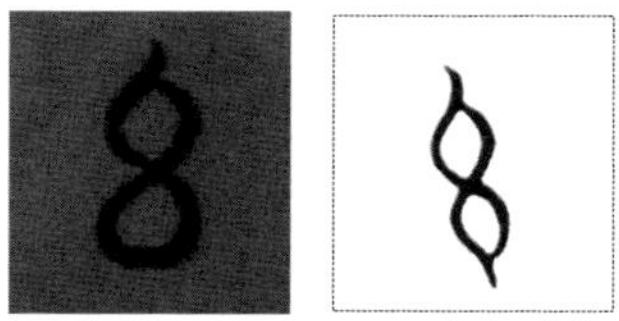

玄(검을 현)의 옛 글자
'厶' 두 개가 상하로 겹쳐진 모양

【관련한자③】

厶→幺→糸

糸(실 사) ; 위 하늘에서 길게 이어지다(幺=내려오다+小=나뉘다)
絲(실 사) ; 겹으로 된 길게 이어진 실(糸+糸=겹, 꼬다)

素(흴 소) ; 하늘에 이어진 바탕색(生=나오다+糸=실, 연결)
約(묶을 약) ; 실로 묶듯 말을 묶어 언약하다(糸=연결+勺=담다)

納(바칠 납) ; 위에 연결되다(糸=위에 연결+內=내다, 안)
系(이을 계) ; 하늘에 이어져 있다(丿=작용, 연결+糸=연결)
紀(벼리 기) ; 위에서 몸으로 이어지는 고리(糸=연결+己=몸)
紅(붉을 홍) ; 하늘에 연결되어 붉다(糸=연결+工=하늘에 연결)
糾(꼴 구) ; 위 하늘과 연결되어 생긴 모양(糸=연결+丩=나뉘다)
累(묶을 루) ; 하늘에 이어져 있다(田=밭, 하늘+糸=연결)
紫(자줏빛 자) ; 붉은색, 청색의 결합 자주(此=붉고 푸름+糸=연결)

紙(종이 지) ; 글의 바탕이 되는 종이(糸=연결+氏=씨, 바탕, 뿌리)
終(끝날 종) ; 한 이어짐의 매듭(糸=연결+冬=겨를)
結(맺을 결) ; 한 흐름이 끝을 맺다(糸=연결, 이어지다+吉=길)
給(줄 급) ; 주어서 하나 되어 넉넉하다(糸=연결+合=합하다)
經(날 경) ; 위에서 아래로 흐르는 날(糸=연결+巠=물, 흐르다)
綜(모을 종) ; 여러 가닥을 하나로 모으다(糸=연결+宗=마루, 으뜸)

糸의 옛 모양

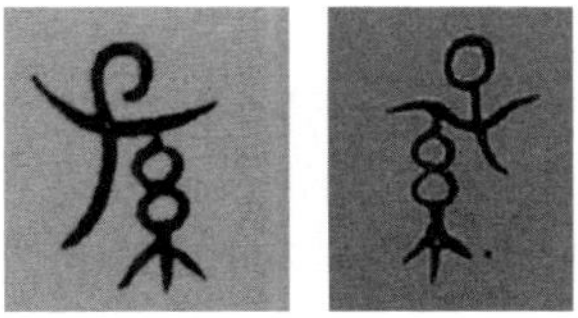

孫(손자 손)의 옛 글자
系와 糸의 옛 모습이 보인다

011. 厂(산기슭 엄) : 개방된 공간, 영역

厂

(산기슭 엄)

【배경】

산기슭 비탈진 언덕
추위와 비와 바람을 막아준다
산기슭에 집들이 모여 있다
집은 지형을 이용한 엄폐물이다

【의미】

① 산기슭, 언덕
② 집, 엄폐물, 막아주는 사물
③ 개방된 주거 공간, 영역, 형상, 몸

【관련한자】

厂(기슭 엄) ; 옹기종기 집들이 모여 있는 산기슭
石(돌 석) ; 흙 속 섞여있는 둥근 돌(厂=영역, 공간+口=둥글다)
厚(두터울 후) ; 해의 씨까지 품다(厂=영역+日+子=해와 해의 씨)
厓(언덕 애) ; 흙을 쌓은 듯 높은 언덕(厂=영역+圭=높은 흙)
原(근원 원) ; 양지바른 언덕 삶의 터전(厂=영역+白=해 비치다)
厤(다스릴 력) ; 해가 작용하는 공간(厂=영역+秝=벼, 해 기르다)
歷(지낼 역) ; 지나온 발자취(厤=다스리다+止=발, 발걸음)
曆(책력 력) ; 해가 지나는 길(운행)(厤=다스리다+日=해)
厔(막을 질) ; 나가지 못하게 막다(厂=언덕+至=화살이 나아가다)
厊(집 아) ; 이를 감싸는 입과 같은 공간 집(厂=공간+牙=어금니)
厎(숫돌 지) ; 근본이 되는 물건(厂=몸, 형상+氐=바탕, 근본)
厞(더러울 비) ; 아닌 것을 담고 있다(厂=공간+非=아닌 것)
厨(부엌 주) ; 음식 조리 위해 세운 공간(厂=공간+尌=세우다)

제후의 봉지

底(밑 저)

侯(과녁 후)

옛글자에 厂, 广의 쓰임이 보인다

* '厂'은 '宀'의 절반이 열린 모양으로, 개방된 공간, 영역을 의미

012. 广(집 엄) : 출입이 개방된 공적인 건물

广

(집 엄)

【배경】

집이 있다
큰 집이 있다

사람들의 출입이 자유롭다
공공의 일을 보는 집이다
관공서다.

【의미】

① 집, 가옥
② 형상, 몸
③ 공간, 영역
④ 출입이 자유로운 공적인 공간

【관련한자】

广(집 엄) ; 지붕이 있는 집
庀(다스릴 비) ; 칠성이 작용하는 영역(广=영역, 세상+匕=칠성)
序(차례 서) ; 씨에서 나와 몸을 가지는 순서(广=영역, 몸+予=씨)
底(밑 저) ; 근본 바탕이 되는 영역 밑(广=영역+氐=근본, 바탕)
店(가게 점) ; 미리 점유하고 있는 공간 가게(广=공간+占=점유)
府(곳집 부) ; 일을 맡은 사람들이 있는 집(广=영역+付=맡기다)
麻(삼 마) ; 무성하게 집단으로 자라는 식물(广=영역+林=숲)
廚(부엌 주) ; 음식을 만드는 공간이 부엌(广=영역+尌=세우다)
庿(사당 묘) ; 조상(싹)을 모신 집(广=시설+苗=싹, 묘)
廟(사당 묘) ; 조상에게 제사 드리는 집(广=시설+朝=제사)
廣(넓을 광) ; 펼쳐진 땅과 같이 넓다(广=영역+黃=누런 땅)

廚(부엌 주) 廟(사당 묘)

옛 글자에 '广'과 '厂'의 흔적이 보인다

* '厂'은 개방된 자연 공간, 영역을 나타냄
'广'은 출입이 개방된 시설, 구조물, 공간을 나타냄

013. 冖(덮을 멱) : 땅을 감싼 하늘 같이 덮음

冖

(덮을 멱)

【배경】

보자기로 덮는다
보자기로 덮어 놓는다
소중히 여겨 보자기로 덮어 보호한다
보자기로 덮으면 속은 깜깜하다, 어둡다

【의미】

① 덮개, 덮다, 덮었다
② 어둡다

【관련한자】

冖(덮을 멱) ; 보자기로 덮다
冗(쓸데없을 용) ; 덮인 작용은 쓸모없다 (冖=덮다+几=바람결)
冥(어두울 명) ; 햇살까지 덮어 어둡다(冖=덮다+日=해+六=햇살)
軍(군사 군) ; 전쟁을 위해 숨겨놓은 군사(冖=덮다+車=장비)
冚(덮개 감) ; 산을 덮었다, 덮는 물건(冖=덮다+山=산)
冡(덮어쓸 몽) ; 보자기를 덮어쓰다(冖=덮다+豖=돼지, 어떤 물건)
冢(무덤 총) ; 해처럼 둥그런 무덤(冖=덮다+豖=돼지, 어떤 물건)
蒙(입을 몽) ; 이불처럼 풀로 덮다(艹=풀+冖=덮개+豖=어떤 물건)冠(갓 관) ; 머리를 덮은 갓(冖=덮다+元=하늘+寸=잡다)

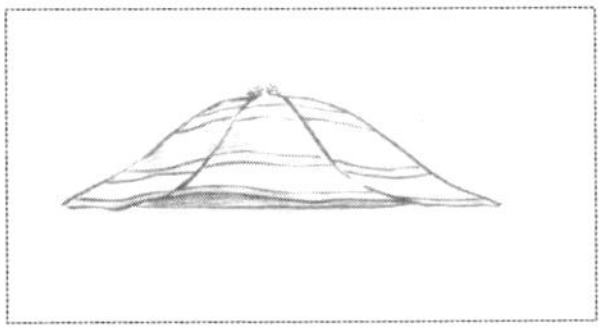

무언가를 보자기로 덮은 모양

富(가멸 부)의 옛 글자
冖의 흔적이 보인다

* '冖'은 보자기와 같은 것으로 무언가를 덮은 모양이다.
* '冖' → '厂', '冖' → '勹'
* '宀' → '广'

014. 宀(집 면) : 지붕이 있는 구조물, 공간

宀

(집 면)

【배경】

집은,
지붕이 있는 집은
비, 바람, 추위, 더위, 벌레 짐승의 해,
주위의 시선을 면하게 해준다
지붕이 있는 집은 사람을 보호한다

【의미】

① 지붕, 덮개, 덮다, 덮었다
② 공간, 영역
③ 면하다, 피하다

【관련한자】

宀(집 면) ; 지붕이 있는 집, 집의 공간
守(지킬 수) ; 손이 미치는 공간(宀=지붕(집, 공간)+寸=손)
安(편안할 안) ; 중심이 내부에 있어 편안하다(宀=집+女=중심)
定(정할 정) ; 발이 방향을 갖추었다(宀=집, 틀+疋=발)
容(얼굴 용) ; 얼굴은 얼을 담은 그릇(宀=공간, 영역+谷=고을)
穹(하늘 궁) ; 해가 있는 공간이 하늘(宀=집+弓=활, 해)
宇(집 우) ; 하늘이 사는 하늘 집(宀=집+于=하늘)
完(완전할 완) ; 천지의 운행은 완전하다(宀=집+元=온전)
宗(마루 종) ; 제사를 모시는 으뜸 집(宀=집+示=하늘이 오다)
宙(집 주) ; 세상을 덮은 하늘 집(宀=집+由=말미암다, 세상)
室(집 실) ; 햇살이 이르러 사는 집(宀=집+至=이르다, 햇살)
宿(묵을 숙) ; 해가 어둠에 들어가듯 머물다(宀=집+佰=해 닮다)

집 모양

家(집 가)

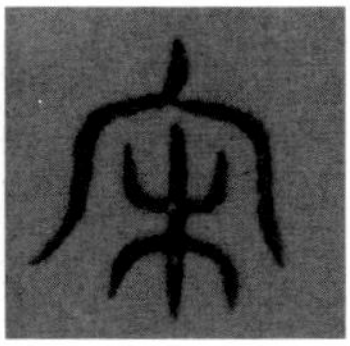

宋(송나라 송)

옛 글자에 '宀'의 흔적이 보인다

015. 勹(감쌀 포) : 무언가를 담아 감싸다

勹

(감쌀 포)

【배경】

감싸다
보자기로 감싸다
부드러운 천으로 감싸다

감싼 것은 무언가를 담은 것이다

【의미】

① 싸다, 감싸다, 담다
② 부드럽다, 구부러지다, 굽다
③ 어리다
④ 이어주다

【관련한자】

勹(쌀 포) ; 보자기와 같은 것으로 감싸다

包(쌀 포) ; 생명체를 싸다(勹=싸다+巳=발아한 씨, 생명체)

勾(굽을 구) ; 굽은 성질(천성)(勹=굽다+厶=성품, 성질)

勼(모을 구) ; 손으로 모아 담는다(勹=감싸다, 담다+九=손)

句(글귀 구) ; 하나의 뜻을 담은 글의 단위(勹=담다+口=뜻, 의미)

勺(구기 작) ; 무언가(물)를 떠 담는 그릇(勹=담다+丶=해, 물, 물건)

的(과녁 적) ; 화살이 향하는 곳은 과녁(白=햇살+勺=떠 담다)

灼(사를 작) ; 불을 떠 담다, 사르다(火=불+勺=담다)

妁(중매 작) ; 중심을 맡아 이어주다(女=중심+勺=담다)

酌(따를 작) ; 술을 떠 담아 부어주다(酉=술+勺=떠 담다)

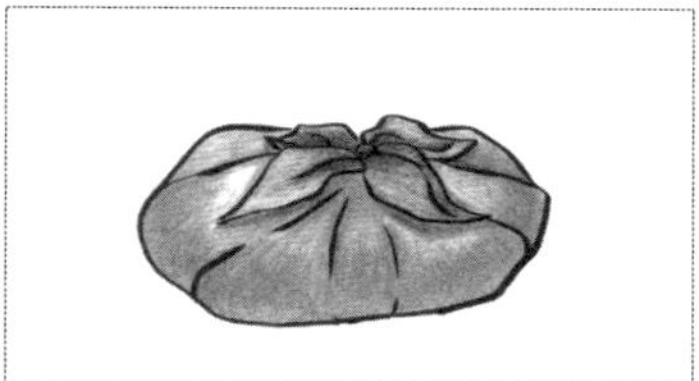

보자기로 쌓아놓은 모양

芻(꼴 추)의 옛 글자
勹의 모습이 보인다

* '勹'자는 안에 무언가를 보자기로 감싼 모양이다.

016. 几(안석 궤) : 잠시 일었다 사라지는 물결

几

(안석 궤)

【배경】

바람 따라 깃발 나부낀다
바람 따라 물결 일어난다

바람결과 물결은
잠시 일다 사라진다
영혼은 바람결, 물결과 같다
만물은 물결 바람결과 같다

【의미】

① 바람결, 깃발
② 물결
③ 안석(제사에서 신위를 모시는 의자)
④ 잠깐

【관련한자】

几(안석 궤) ; 신위를 위해 놓은 사당의 의자, 물결, 바람결

凡(무릇 범) ; 만물은 무릇 물결과 같다(几=물결+丶=만물)

風(바람 풍) ; 깃발 펄럭이는 벌레 같은 바람 (几=깃발+虫=벌레)

鳧(오리 부) ; 물결 위 떠다니는 새 오리(鳥=새+几=물결)

鳳(봉새 봉) ; 바람처럼 문득 나타나는 새(几=물결, 깃발+鳥=새)

処(처할 처) ; 물결처럼 떠다니다 머무는 곳(夂=발+几=물결)

帆(연 궤) ; 바람에 날리는 깃발과 같은 연(几=바람결+巾=수건)

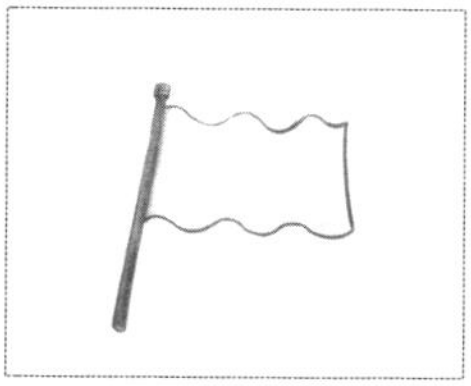

바람에 펄럭이는 깃발

中(가운데 중)의 옛 글자
바람에 나부끼는 듯한 모양이다

* '几'자는 바람결, 물결처럼 일시적인 현상, 겉모습을 나타낸다.
* 바람에 나부끼는 깃발, 흐르는 물결은 우주적 실체의 겉모습
* 제사에 모시는 신위도 바람결, 물결과 같이 여겼다.

017. 八(여덟 팔) : 열어 작용하는 두 팔

八

(여덟 팔)

【배경】

팔이 있다
두 팔이 있다
두 팔은 서로 열고 닫으며 일한다

【의미】

① 두 팔
② 여덟
③ 열고 닫다
④ 벌리다, 열리다

【관련한자①】

八(여덟 팔) ; 열고 닫으며 작용하는 팔

个(낱 개) ; 나뉘어서 내려온 개개의 것(八=열다+丨=내려오다)

介(끼일 개) ; 하늘 열리고 내려오다 (八=열다+刂=내려오다)

分(나눌 분) ; 나뉘고 나뉘다(八=열다, 나뉘다+刀=칼, 가르다)

公(공변될 공) ; 사적인 것을 열어 개방하다(八=열다+厶=사적인)

穴(구멍 혈) ; 열린 구멍(宀=집, 공간+八=열다, 열리다)

兼(겸할 겸) ; 양쪽으로 열려 있다(八=열다+又=잡다=禾=둘)

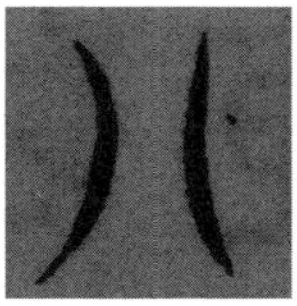

八(여덟 팔)

介(끼일 개)

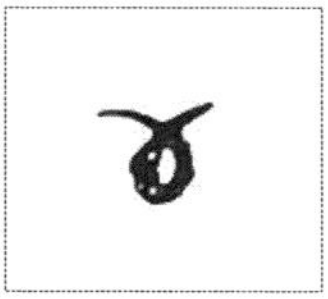

公(공변될 공)

옛 글자에 八의 흔적이 보인다

亡(망할 망)

ㄴ,ㅅ의 모양

【관련한자②】

八=入

入(들 입) ; 들어오다, 안으로 들어오다

亾(도망갈 망) ; 사라지다(入=들어오다+ㄴ=내려가다)

內(안 내) ; 밖에서 들어온 안쪽(冂=경계+入=들어오다)

仝(온전할 전) ; 하늘에서 나와 온전하다(△=온전+土=나오다)

乞(빌 걸) ; 하늘에서 오다, (하늘에서)빌리다(八=열다+乙=오다)

欠(하품 흠) ; 흠(부족)을 채우려 내려오는 하품(八+八=내려오다)

018. 丁(넷째천간 정, 장정 정) : 싹의 움틈

丁

(넷째 천간 정)

【배경】

알에서 새끼가 태어나다
개구리 알에서 올챙이가 태어난다, 힘차게 헤엄친다
올챙이처럼 삐죽하게 꼬리가 나온 모양이다.

씨앗이 발아해서 싹이 난다
생명체의 첫 단계다.

【의미】

① 새끼, 정자, 생명체, 올챙이
② 장정, 왕성하다
③ 나오다, 작용
④ 넷째 천간

【관련한자】

丁(넷째 천간 정) ; 씨에서 싹이 나오다, 천간의 네 번째
宁(쌓을 저) ; 집안에 씨앗을 쌓아두다(宀=집+丁=씨, 종자)
佇(우두커니 저) ; 쌓아둔 듯 우두커니 있다(亻=닮다+宁=씨, 쌓다)
貯(쌓을 저) ; 쓸모가 있어 쌓아둔 재화(貝=재화+宁=씨, 쌓다)
紵(모시 저) ; 실을 뽑는 씨라는 의미(糸=실, 섬유+宁=씨, 쌓다)

町(밭두둑 정) ; 밭에서 볼록 나온 밭두둑(田=밭+丁=나오다)
頂(정수리 정) ; 머리의 튀어나온 앞 정수리(丁=나오다+頁=머리)
釘(못 정) ; 올챙이 모양의 뾰족한 쇠 못(金=쇠+丁=올챙이 모양)
亭(정자 정) ; 햇빛을 막아주는 정자(京=볕+冖=막다+丁=작은)
訂(바로 잡을 정) ; 근본 뿌리에서 나온 말(言=말+丁=나오다)
汀(물가 정) ; 물의 중심에서 겉으로 나오다(氵=물+丁=나오다)
仃(외로울 정) ; 싹은 외롭게 홀로 나온다(亻=닮았다+丁=나오다)

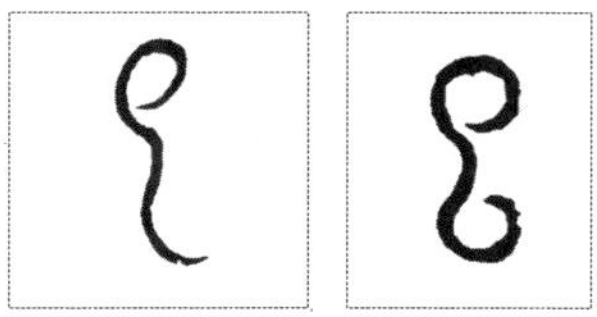

巳(여섯째 지지 사)의 옛 글자
씨가 발아하여 갓 싹을 낸 모양이다

* '丁'은 씨(알)가 발아해서 뾰족하게 싹이 나온 모양이다.
* '丁'은 '巳', '子'와 마찬가지로 '씨(알)'에서 발아한 싹처럼 생명체의 성장 하는 과정을 나타내는 글자다.

019. 人(사람 인) : 하늘의 형상을 닮은 사람

人

(사람 인)

【배경】

하늘이 내고 하늘이 기르는 만물
만물은 보이지 않는 하늘의 보이는 뿌리(형상)
만물 가운데 영장인 사람

사람의 머리에 하늘이 내려온다
머리에 하늘이 내려와 사람이 하늘이 된다
사람이 곧 하늘이다

【의미】

① 사람, 인간, 백성
② 만물(하늘과 땅에 이어 세 번째)
③ 하늘을 닮았다, 하늘의 뿌리

【관련한자①】

人(사람 인) ; 사람, 만물, 하늘 땅 만물(천지인)의 세 번째
天(하늘 천) ; 사람이 곧 하늘이다(人=사람, 하늘)
王(임금 왕) ; 하늘의 권위로 땅에 선 사람(天=하늘 사람+一=땅)
大(큰 대) ; 하늘 닮은 사람은 크다(大=사람(천지인)=하늘)
立(설 입) ; 사람이 땅 위에 서다(大=사람+一=땅)
尢(절름발이 왕) ; 두 다리가 어긋난 모양(大=사람+불균형)
氏(각시 씨) ; 사람이 몸속에 갖고 있는 씨 (人=사람+丶=씨)
民(백성 민) ; 씨앗이 몸을 가졌다는 의미(氏=씨+口=형상, 몸)
艮(그칠 간) ; 만물에게 하늘이 가서 멈추다(民=몸+一=하늘)
長(길 장) ; 머리가 길다, 연장자라는 의미(艮=몸+彡=긴 머리)
夭(어릴 요) ; 고개를 가누지 못하다(ノ=기울다+大=사람)
儿(사람 인) ; 사람의 두 다리의 모양과 작용(儿=두 다리)

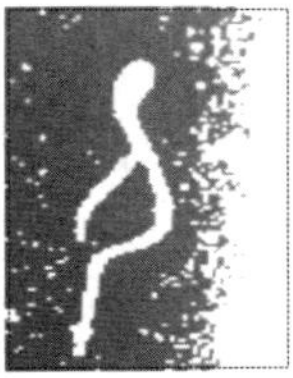

'人(사람 인)'자는 사람의 모양이다.

* 하늘 첫 째 하늘, 땅은 두 번째 하늘,
사람(=만물)은 세 번째 하늘이라고 생각했으므로
'사람'과 '땅'과 '하늘'을 동일하게 보았다.

【관련한자②】

人→亻

亻(사람 인) ; (사람은 하늘을) 닮았다
닮은 것은 비슷한 것이다
비슷한 것은 그러나 진짜는 아니다
진짜가 아닌 것은 거짓이다

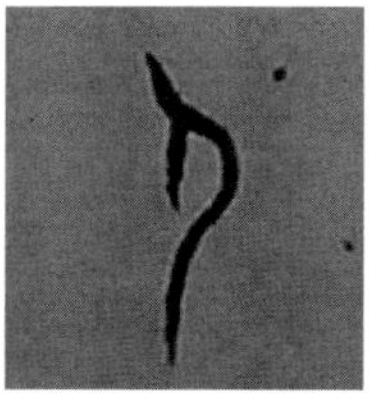

亻(사람 인)의 옛 글자

仵(짝 오) ; (소의 짝) 말과 같다(亻=닮았다+午=말)
伴(짝 반) ; 하나를 둘로 나눈 절반을 닮다(亻=닮았다+半=절반)
侶(짝 려) ; '□'과 같다('□'은 '○'의 짝) (亻=닮았다+呂=땅둘)
仇(짝 구, 원수 구) ; 두 손을 닮았다(亻=닮았다+九=손)
伉(짝 항) ; (머리 몸통 연결)목을 닮았다(亻=닮았다+亢=목)
仿(흉내 낼 방) ; (方=땅,○의 짝) 땅을 닮다(亻=닮았다+方=땅)
佷(돌아올 한) ; 가는 것을 닮은 오는 것(亻=닮았다+艮=가다)

佯(거짓 양) ; ~인양하다(亻=닮기는 하였지만 아니다+羊=양)
他(다를 타) ; 태를 닮았지만 같지는 않다亻=닮았다+也=자궁

僞(거짓 위) ; 하늘 닮았지만 사실은 아니다(亻=닮았다+爲=해)
侅(이상할 해) ; 닮았지만 사실은 아니다(亻=닮았다+亥=해)
儉(검소할 검) ; 전부인 것 같지만 아니다(亻=닮았다+僉=다)
仁(어질 인) ; 하늘, 땅의 성품을 닮다(亻=닮았다+二=하늘, 땅)
休(쉴 휴) ; 나무를 닮는 것이 진짜 휴식(亻=닮았다+木=나무)
位(자리 위) ; 서 있는 곳이 자리(亻=닮았다+立=서다)
伏(엎드릴 복) ; 해가 곁에 있는 것 같다(亻=닮았다+犬=개, 해)
件(사건 건) ; 사건마다 나름 이치가 있다(亻=닮았다+牛=이치)
佞(아첨할 녕) ; 중심이 둘인 것(亻=닮았다+二=둘+女=중심)
佐(도울 좌) ; 땅의 도움, 도움의 손길(亻=닮았다+左=왼손)
佑(도울 우) ; 하늘의 도움, 도움의 손길(亻=닮았다+右=오른손)
仔(자세할 자) ; 속속들이 살펴보는 것 같다(亻=닮았다+子=씨)
侎(어루만질 미) ; 벼 기르는 햇살을 닮았다(亻=닮았다+米=쌀)
俵(흩을 표) ; 옷에서 더 겉으로 나가다(亻=닮았다+表=겉으로)
佈(펼 포) ; 손으로 천을 펼치다(亻=닮았다+布=천을 펼치다)
佖(점잖을 필) ; 해의 자태를 닮다(亻=닮다+心=태양+ノ=작용)
仿(헤맬 방) ; 방에서 방향을 몰라 헤매다(亻=닮았다+方=방)
偕(함께 해) ; 해와 별과 햇빛이 모두 다(亻=닮았다+皆=다)
侐(고요할 혁) ; 소리 없이 흐르는 피(亻=닮았다+血=피 흐르다)
俔(염탐할 현) ; 보는 것이 닮았다(亻=닮았다+見=보다)
倖(요행 행) ; 행복을 닮다(亻=닮았다+幸=다행스럽다)
佚(허물 일) ; 지나친 것과 같다(亻=닮았다+失=지나치다)

【관련한자③】

人→儿

儿(어진 사람 인) ; 사람의 두 발, 두 발로 걷다, 움직이다

先(먼저 선) ; 이치가 우선이다(牛=하늘의 이치+儿=작용)

元(으뜸 원) ; 하늘의 작용이 으뜸이다(二=하늘+儿=걷다, 작용)

允(진실로 윤) ; 하늘의 작용은 진실되다(厶=하늘+儿=작용)

兄(맏 형) ; 제사에서 축을 읽는 사람이 형(口=입+儿=작용)

充(찰 충) ; 하늘의 작용으로 세상이 가득차다(厶=오다+儿=작용)

免(면할 면) ; 해가 지나가다(日=하늘, 해+儿=걷다, 지나가다)

見(볼 견) ; 눈의 작용으로 보다(目=눈+儿=걷다, 작용)

【관련한자④】

人→大

大(큰 대) ; 크다, 머리에 하늘을 담은 사람은 크다

太(클 태) ; 크다, 하늘만큼 크다(大=크다+丶=하늘)

央(가운데 앙) ; 사물의 한 가운데(大=크다+口=사물, 우주)

夷(태양 이) ; 태양, 큰 해(大=크다+弓=해)

契(맺을 계) ; 갈린 것을 하나로 맺다(刀=가르다+大=하늘, 하나)

奜(클 비) ; 두 손이 함께 하니 크다(非=두 손+大=크다, 함께)

【관련한자⑤】

人→天

天(하늘 천) ; 머리에 하늘을 담아 사람이 하늘이 되다
사람이 곧 하늘이다(丶=하늘, 생명, 싹+大=사람)
夫(지아비 부) ; 새 싹을 낸 남자(天=사람+丶=하늘, 생명, 싹)

天(하늘 천)의 옛 글자
사람의 정면의 모습

【관련한자⑥】

人→夭

夭(어릴 요) ; 고개가 꺾이다, 아직 어리다, 기울다
沃(물 댈 옥) ; 물길을 끌어들여 비옥하다(氵=물+夭=기울다)
笑(웃을 소) ; 웃음은 하늘의 모습(竹=내려오다+夭=하늘)
妖(이상할 요) ; 중심이 기울어 이상하다(女=중심+夭=기울다)

扷(잴 오) ; 손을 기울여 재다(扌=손+夭=기울다)
窔(깊을 요) ; 꺾여 들어간 깊은 구멍(穴=구멍+夭=기울다)
宎(구석 요, 굴 요) ; 한쪽으로 기운 구석(宀=공간+夭=기울다)
訞(요사할 요) ; 한쪽으로 기운 말(言=말+夭=기울다)
祅(재앙 요) ; 바르지 않고 기운 것이 재앙(示=하늘+夭=기울다)
殀(일찍 죽을 요) ; 일찍 꺾이다(歹=죽다+夭=꺾이다)

* '夭'자는 '大'자와 모양이 같다. 목이 기운 '사람'의 모습이다.
* '夭'의 '목이 기운 모양'으로 어리다, 꺾이다, 기울다 등을 의미

【관련한자⑦】

人→走

走(달릴 주) ; 달린다, 사람이 달린다, 빠르게 달린다
超(넘을 초) ; 다른 영역에 넘어가다(走=가다+召=위, 넘다)
趙(나라 조) ; 떨어져 나간 나라라는 의미(走=가다+肖=닮다)
越(넘을 월) ; 장벽을 뛰어 넘다(走=가다+戉=장애, 장벽)

走(달릴 주)

造(지을 조)의 옛 글자

造에 辶, 辵(쉬엄쉬엄 갈 착)의 모습이 보인다

【관련한자⑧】

走→辶

辶(쉬엄쉬엄 갈 착) ; 쉬엄쉬엄 걸어가다(走=辶=辵=⻍)
近(가까울 근) ; 제후의 봉지는 도읍에 가깝다(辶=가다+斤=봉지)
造(지을 조) ; 사리에 맞게 만들다(辶=가다+告=사리, 이치)
週(돌 주) ; 중심의 곁을 빙빙 돌다(辶=가다+周=중심)
道(길 도) ; 하늘이 운행하는 이치(辶=가다+首=머리, 하늘)
逍(거닐 소) ; 하늘처럼 쉬엄쉬엄 걷다(辶=가다+肖=위, 오다)
巡(돌 순) ; 하늘이 운행한다(辶=가다+巛=물이 흐르듯 간다)
建(세울 건) ; 자립하도록 붙들어 세우다(辶=가다+聿=하늘 서다)
廻(돌 회) ; 해처럼 둥글게 빙빙 돌다(辶=가다+回=해가 돌다)

【관련한자⑨】

人→㔾

㔾(병부 절) ; 엎드려 명을 받는 사람의 모습(=卩)
신표의 절반을 의미하기도 함
① 세포의 분열
② 자손이 번창하다, 뻗어나다, 무성하다
③ 신표(信標), 절반, 둘이 합하여 하나 되다
④ 무릎을 꿇고 명령을 기다리다
⑤ 엎드려 절하다

卯(무성할 묘) ; 세포가 분열하듯 무성하다(卩+𠂎=세포가 나뉘다)
卵(알 란) ; 생명을 무성하게 퍼트리는 알(卯=무성하다+丶=생명)
柳(버들 유) ; 무성하게 가지를 뻗는 버드나무(木=나무+卯=무성)
昴(별자리 묘) ; 무리지어 있는 별 묘성(日=해+卯=무성하다)
命(목숨 명) ; 하늘로부터 받은 것(亼=하늘+卩=받다)

㔾(병부 절)

卯(넷째 지지 묘, 무성할 묘)의 옛 글자

세포가 분열하는 모습으로 번식과 무성함을 나타낸다

* '卩'자는 '卯(무성할 묘)', '卵(알 란)' 등의 절반의 모양으로, 둘을 서로 합하여 신분을 확인하는 신표를 나타낸다.
* '㔾'의 '병부 절'이란 새김은 군사용이라는 의미

020. 氏(씨앗 씨) : 하늘이 준 만물의 씨 종자

氏

(각시 씨, 씨앗 씨)

【배경】

만물은 씨가 있다
하늘이 준 씨가 있다
몸 속 깊숙한 곳에 고유의 씨가 있다

씨는 하늘이며 근본이다

【의미】

① 씨, 씨앗
② 근본, 바탕, 중심, 하늘
③ 속, 밑

【관련한자①】

氏(각시 씨) ; 만물의 몸속에 가진 씨
氐(근본 저) ; 씨는 근본이며 바탕이다(氏=씨+一=바탕, 땅)
低(밑 저) ; 밑은 근본, 바탕과 같다(亻=닮았다+氐=근본)
柢(뿌리 저) ; 나무는 뿌리가 근본이다(木=나무+氐=근본)
紙(종이 지) ; 종이는 글을 쓰는 바탕이다(糸=섬유질+氏=바탕)

昏(어두울 혼) ; 해는 지고 해의 씨만 남다(氏=씨+日=해)
婚(혼인할 혼) ; 해의 씨가 중심을 잡다(女=중심+昏=해의 씨)
惛(어리석을 혼) ; 어두운, 혼미한 마음(忄=마음+昏=어둡다)

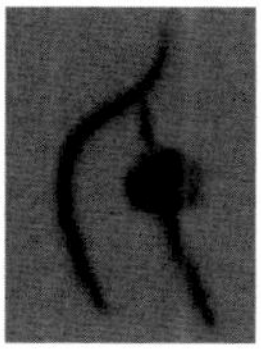

* '氏'자는 '人'에 '丶'를 더한 것으로, 사람(人)이 태어날 때부터 타고난 하늘의 성품(丶)을 나타낸다.
* 만물은 몸속에 각기 고유한 씨를 가지고 있는데 이 씨를 하늘이 준 것으로 여겼다.

【관련한자②】

氏→民

民(백성 민) ; 민들레는 누가 심지 않고 돌보지 않아도 자생한다
민물고기는 기르지 않아도 저절로 생겨나서 자란다
백성은 풀이다, 민초(民草)다
거기 그곳에 그렇게 터 잡고 자생한다
(氏=씨+口=형상, 몸)

忟(민망할 민) ; 꾸밈이 없는 순수한 마음(忄=마음+民=꾸밈없는)

抿(어루만질 민) ; 꾸밈없는 손길(扌=손, 만지다+民=가식 없는)

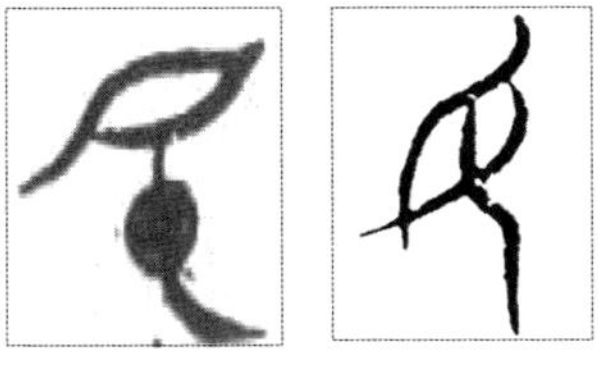

* '民'자는 '氏'자의 머리에 '口'이 추가된 모양으로, 씨가 몸을 가졌다는 의미다.(이 모양을 보고 이전에는 '노예의 눈을 찌르는 모양'이라고 하여 백성을 노예로 보았다)
* '민'은 누가 기르지 않아도 저절로 나고 저절로 자라는 '민들레', '민물고기'의 '민'과 같은 의미다.

【관련한자③】

氏→民→艮

艮(그칠 간) ; 머리에 하늘이 내려오다(民=하늘+丶=하늘)
하늘은 머리, 손을 거쳐 온 하늘로 다시 가야한다
와서 가지 않고 멈춘 것은 어긋난 것이다

良(좋을 량) ; 하늘의 작용은 좋다, 어질다(丿=작용+艮=하늘, 가다)

根(뿌리 근) ; 나무는 뿌리가 근본(木=나무+艮=하늘, 뿌리)

恨(한할 한) ; 흐르지 않고 가다 멈춘 마음(忄=마음+艮=가다)

限(한계 한) ; 가서 멈춘 끝이 한계(阝=영역+艮=가다)

佷(돌아올 항) ; 가는 것을 닮은 오는 것(亻=닮았다+艮=가다)

銀(은 은) ; 금에서 갈려 나간 것이 은(金=금+艮=가다)

垠(끝 은) ; 가다보면 땅 끝에 이른다(土=땅+艮=가다)

齦(잇몸 은) ; 이가 박힌 바탕 잇몸(齒=이+艮=가다)

跟(발꿈치 근) ; 발의 마지막 끝이 발꿈치(足=발+艮=가다)

* '艮'자는 '民'자의 머리에 하늘(一)이 내려온 모양
* '艮'자의 '간'은 '가다', '그칠 간'이란 '가서 그쳤다'라는 뜻

【관련한자④】

氏→民→艮→長

長(길 장) ; 머리의 털은 자란다
길게 자란 것은 오래된 것이다
오래된 사람은 경험이 많은 사람이다
경험은 지도자의 덕목이므로 경험이 많은
사람은 지도자의 덕목을 가진 사람이다
(머리가) 길다, 원로, 지도자, 넓다, 길다

張(베풀 장) ; 해처럼 널리 베풀다(弓=해+長=넓다, 크다)

帳(휘장 장) ; 휘장은 큰 헝겊(巾=헝겊+長=넓다, 길다, 크다)

場(마당 장) ; 넓고 기다란 마당(土=땅+長=넓다)

髟(머리털 표) ; 길게 늘어뜨린 머리털(長=길다+彡=털)

* '長'은 '人→氏→民→艮→長'의 변화 과정의 글자다.

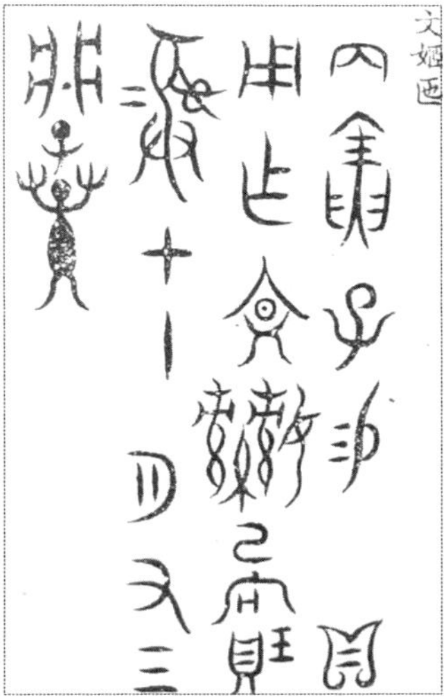

「옛 한자의 모습을 살펴볼 수 있는 명문」

청동으로 만든 그릇에 새겨진 옛 한자의 모습으로, '丙寅子給貝用作文○○己寶彝在十月有三祭'의 모습이 보인다.

「和(화할 화)의 옛 글자」

'和'자는 두 손에 창과 방패를 들고 영토를 지키는 모양으로, 평화, 화평의 개념을 엿볼 수 있는 내용을 담고 있다.

021. 氵(물 수) : 물 같은 세 번째 만물의 작용

氵

(물 수)

【배경】

용암은 식어 바위가 된다
바위는 모래가 되어 부서진다
용암이 첫 번째 바위는 두 번째 모래는 세 번째다

물은 추우면 얼음이 되고
얼음은 녹으면 물이 된다
얼음은 두 번째, 물은 세 번째다

【의미】

① 물, 액체
② 세 번째
③ 작용, 변화

【관련한자】

江(강 강) ; 시내와 바다를 연결하는 물(氵=물+工=하늘 땅 연결)
汐(조수 석) ; 조수는 바다(海)의 발걸음(氵=물, 작용+夕=해의 발)
沃(물 댈 옥) ; 물을 대서 땅이 비옥하다(氵=물, 작용+夭=기울다)
汽(김 기) ; 김은 물과 같은 세 번째(氵=물, 세 번째+气=기운, 김)
沈(가라앉을 침) ; 머뭇거리면 가라앉는다(氵=물+冘=머뭇거리다)
活(살 활) ; 혀가 움직이면 살아있는 것(氵=작용+舌=혀)
沙(모래 사) ; 작아지고 더 작아졌다는 의미(氵=작용+少=작다)
流(흐를 유) ; 위에서 아래로 흐르다(氵=물, 작용+㐬=위에서 오다)
汗(땀 한) ; 해로 인해 흐르는 세 번째 물(氵=물+干=하늘, 가다)
洙(물가 수) ; 물의 뿌리가 내려와 있는 물가(氵=물+朱=뿌리)
油(기름 유) ; 무언가의 원인이 되는 액체(氵=물+由=비롯)
決(터질 결) ; 한쪽으로 흐르는 작용(氵=물+夬=한쪽 열리다)
治(다스릴 치) ; 하늘의 작용은 다 살리는 것(氵=작용+台=하늘)
法(법 법) ; 죽음과 같은 대 원칙이 법(氵=작용+去=가다, 죽다)
波(물결 파) ; 물결은 물의 껍데기(氵=물+皮=겉껍질)
洋(바다 양) ; 바다는 해 같은 물(氵=물+羊=하늘, 양, 해)
洪(큰물 홍) ; 물이 한데 모여 된 큰 물(氵=물+共=함께)

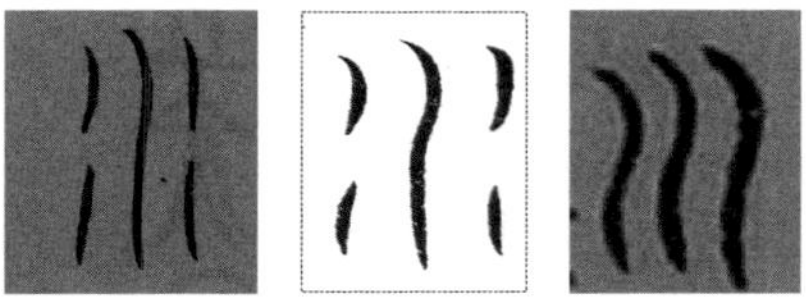

水(물 수)와 川(내 천)의 옛 글자
물이 흘러가는 모양이다

* '氵'는 '丶→冫→氵'로 변하는 과정에서의 세 번째
* 氵=水=氺

022. 小(작을 소) : 하나에서 나뉜 작은 조각

小

(작을 소)

【배경】

하늘은 원래 하나다
하나에서 갈려 세상(땅)으로 내려온다
만물은 하늘에서 나뉘어 내려온 것
나뉘어 졌으므로 원래보다 작다

【의미】

① 작다
② 나뉘어지다

【관련한자】

小(작을 소) ; 나뉜 것은 나뉘기 이전 보다 작다(小=셋 나뉘다)
少(적을 소) ; 나뉘고 또 나뉘다(小=나뉘다+丿=작용의 진행)
沙(모래 사) ; 부서져 가루가 되다(氵=작용+少=나뉘다)
示(보일 시) ; 하늘빛이 내려와 보이다(二=하늘+小=내려오다)
宗(마루 종) ; 제사를 맡은 집이 으뜸 맏이(宀=집+示=제사)
肖(닮을 초) ; 나뉘어 닮았다(小=내려오다+月=떨어져 나오다)
消(사라질 소) ; 내려가고 또 가다(氵=작용+肖=내려가다)

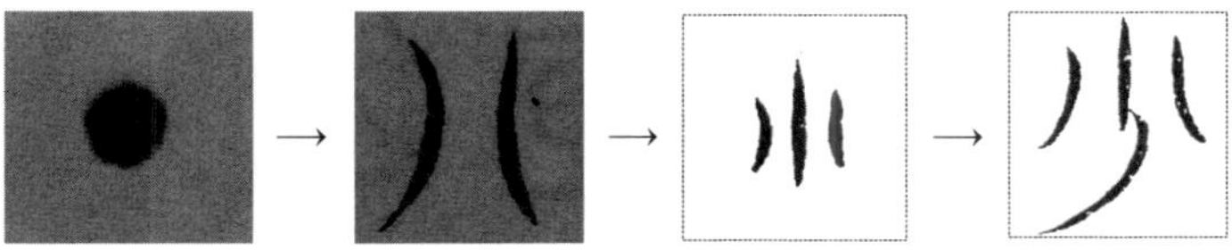

하늘 丶(점 주) → 둘로 나뉘다 八(여덟 팔) → 셋으로 나뉘다 小(작을 소) → 또 나뉘다 少(적을 소)

* 이 세상 만물은 원래 하나 인 하늘에서 나뉘어 내려온 것
* 원래 하나인 '하늘'이 전제되기 때문에 나뉜 것들은 자연 이전보다 작게 되는 것이다.
* 세 개의 획은 '천지인'의 표시

023. 川(내 천) : 위 하늘에서 흘러내리는 내

川

(내 천)

【배경】

물이 흐른다
위 하늘에서 땅으로
낮은 곳으로 낮은 곳으로 흐른다
천천이 흘러 다시 하늘로 간다

【의미】

① 시내
② 물
③ 하늘에서 오다
④ 하늘 향해 가다

【관련한자】

川(내 천) ; 하늘에서 와서 다시 천천히 하늘로 가는 물
訓(가르칠 훈) ; 물처럼 위 하늘에서 오는 말(言=말+川=오다)
順(순할 순) ; 하늘의 이치를 따르다(川=하늘+頁=머리)

巛(개미허리 변 천) ; 巜=巛=川
巠(지하수 경) ; 위에서 아래로 다시 하늘로 연결된 물
(一=하늘+巛=물, 흐르다+工=하늘로 연결)
巡(돌 순) ; 물은 위에서 와서 빙 돌아 다시 위 하늘로 돌아간다
(巛=물, 흐르다+辶=가다)

흐르는 시냇물

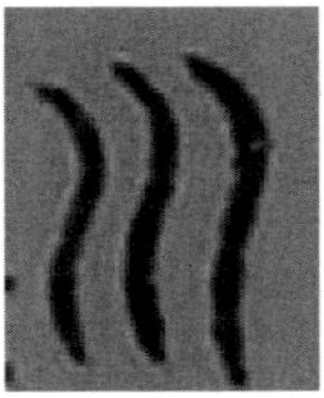

川(내 천)의 옛 글자
위 하늘(천)에서 와서 다시 하늘로 천천히
가는 물이라는 뜻에서 '천'이라 발음한다

024. 彡(털 삼) : 털은 마음과 몸 다음 세번째

彡

(털 삼)

【배경】

몸은 마음을 담은 그릇
몸 위에 자라는 털

'마음과 몸과 털'은 '셋'의 관계
셋의 관계는 '천지인'의 관계

털은 마음과 몸에 이어 세 번째다.
천지인의 관계에서 세 번째다

【의미】

① 털, 터럭
② 세 번째, 셋째

【관련한자】

彡(터럭 삼) ; 털은 마음과 몸에 이어 세 번째(彡, 三, 氵)
影(그림자 영) ; 그림자는 세 번째(日=해+京=햇살+彡=셋째)
形(모양 형) ; 형상은 마음의 세 번째(开=세상에 오다+彡=셋째)
參(석 삼) ; 하나에서 셋으로, 다시 나뉘어 셋으로

* 털을 세 획으로 나타내는 것은 '마음과 몸과 털'의 관계에서 세 번째라는 의미
* 다음은 '셋'의 의미를 나타내는 한자들이다.
  毛(털 모) ; 털은 마음과 몸에 이어 세 번째(三=천지인)
  手(손 수) ; 손은 하늘과 머리에 이어 세 번째(三=천지인)
  气(기운 기) ; 기운은 마음과 몸에 이어 세 번째(三=세 번째)
  丰(예쁠 봉) ; 셋을 갖춰 예쁘다(三=천지인+丨=상하로 통하다)
  衣(옷 의) ; 마음 몸에 이어 세 번째 옷
  羽(깃 우) ; 마음 몸에 이어 세 번째 깃

气(기운 기)

毛(털 모)

形(모양 형)

세 번째임을 나타내기 위해 세 개의 기호로 표현했다.

025. ㅿ(삼합 집) : 셋을 갖춘, 셋을 합한 집

(삼합 집)

【배경】

‘삼합’은 셋의 합
셋은 하늘과 땅과 사람이다, 천지인이다
셋을 합하여 집이다.
집은 삶의 중심이다.
하늘과 땅과 만물이 조화롭게 어울리는 곳이 집이다

【의미】

① 셋, 천지인(天地人), 하늘과 땅 그리고 만물
② 하늘, 하늘에 제사지내다, 제사
③ 집
④ 중심
⑤ 온전하다

【관련한자】

亼(삼합 집) ; 천지인 셋이 모인 집(天=조상+地=나+人=자손)
수 ; 천지인의 조화를 도모(제사)하다(△=삼신+丨=잔을 올리다)
余(나 여) ; 제사를 올리는 사람이 나(△=삼신+丨=잔을 올리다)
茶(차 다) ; 제사에 올리는 음식(++=식품+수=차, 채우다)
會(모일 회) ; 모여서 뿌리를 찾다(△=천지인+사물+日=해, 뿌리)
高(높을 고) ; 제사 받는 높이 계신 조상(수=제사+수=제사)
齊(가지런할 제) ; 제사 위해 정리하다(수=제사+수수=제사)
仝(온전할 전) ; '천지인'에서 나오다(△=천지인+土=땅, 나오다)
侖(뭉치 윤) ; '셋'의 조건을 갖춘 한 단위(△=셋+冊=명하다)

亨(형통할 형) ; '천지인'의 합일이 형통(亨=△+□+○)
享(누릴 향) ; '천지인'의 조화를 도모하다(享=△+□+○)

亼(삼합 집)의 옛 글자, △ 모양 그대로이며
세 변의 합으로 구성되어 있음을 나타내고 있다

* '△'자는 삼각형의 세 변을 합한 모양이다.
  삼각형의 세 변은 각각 '하늘'과 '땅'과 '만물'을 나타낸다.
  '하늘'과 '땅'과 '만물'을 '천지인' 또는 '셋'이라고도 한다.
  이 셋이 모인 것을 집합의 '집'이라 한다.
* 亼→수→余→茶　* 수수=高　* 수수수=亝=齊

026. 弋(취할 익) : 위 하늘에서 가져가다

弋

(주살 익, 취할 익)

【배경】

하늘은 생명을 나게도 하고,
생명을 거두어 가기도 한다
기르기도 하지만 취하기도 한다
빼앗아 간다, 가져간다

【의미】

① 빼앗다, 취하다, 거두어 가다, 가져가다
② 주살

戈(창 과)의 옛글자
弋(주살 익)의 모습이 보인다

【관련한자】

弋(주살 익) ; 위 하늘에서 가져가다(一=하늘 + ㇏=가져가다)
戈(창 과) ; 빼앗아가려고 위협하는 도구(弋=빼앗다 + ノ=작용)
伐(칠 벌) ; 창과 같은 무기를 써서 치다(亻=닮았다 + 戈=창)
式(법 식) ; 천지의 이치에서 취한 것(弋=취하다 + 工=하늘 땅)
武(굳셀 무) ; (마음이) 취하다(弋=취하다 + 止=발(밝음, 해))
麲(보릿겨 익) ; 보리에서 취한 겨(麥=보리 + 弋=취하다)
鳶(솔개 연) ; 새처럼 하늘에 매달린 연(弋=매달다 + 鳥=새)

弌(한 일) ; 하늘 하나(弋=취하다 + 一=하늘, 한, 하나)
弍(두 이) ; 하늘 땅 둘의 개념(弋=취하다 + 二=하늘 땅)

* 세월이 흐르면 어린이는 어른이 되고 태어난 것은 세상과 이별하게 되는데, 이것을 하늘에서 거두어 간다고 보았다.
* '弋'자는 하늘(丶)에 붙들린, 하늘에서 가져가는(㇏) 모양

027. 口(입 구) : 우주 닮은, 들어가는 구멍

口

(입 구)

【배경】

하늘은 둥글다, 해도 둥글다, 알도 씨도 공도 둥글다
구멍도 둥글다
입은 둥근 구멍이다
각종 음식이 들어가는 구멍이다
입은 우주다, '입과 잇몸과 이빨'이 '천지인'인 우주다

【의미】

① 우주, 하늘, 해, 알, 씨, 근본, 중심
② 입, 구멍
③ 영역, 에워싸다
④ 둥글다

【관련한자】

口(입 구) ; 음식이 들어가는 구멍
囗(나라 국) ; 빙 둘러 영토의 경계가 있는 나라
可(옳을 가) ; 하늘이 땅에 온 것은 옳다(ㄱ=하늘 오다+口=우주)
加(더할 가) ; 하늘의 손이 와서 더하다(力=손+口=우주)
如(같을 여) ; 여성과 우주는 '중심'으로 같다(女=여자+口=우주)
恕(용서할 서) ; 하늘과 같은 마음(如=중심, 하늘+心=마음, 중심)
右(오른쪽 우) ; 하늘에 속한 손이 있는 쪽(手=손+口=하늘)
知(알 지) ; 알에 이르는 것이 아는 것(矢=이르다+口=알, 하늘)
句(글귀 구) ; 뜻을 담은 글귀(勹=내포하다+口=하늘, 성품, 뜻)
各(각각 각) ; 성품을 가진 개개의 것(夊=발, 내려오다+口=성품)
味(맛 미) ; 입으로 느끼는 우주적인 어떤 것(口=입+未=연결)
同(같을 동) ; 한 테두리 안에 같이 있다(冂=경계+口=성품)
向(향할 향) ; 해가 있는 쪽을 향하다(向=향하다+口=하늘)
回(돌 회) ; 해처럼 둥글게 둥글게 돈다(口=해+口=둥글다)
囚(가둘 수) ; 울타리를 쳐서 가두다(口=테두리+人=사람)
因(인할 인) ; 천지인이 원인의 단위(口=몸체+大=천지인)
困(괴로울 곤) ; 사방이 막혀 괴롭다(口=테두리+木=나무, 연결)

工(장인 공)의 옛 글자
둥근 하늘의 모습이 보인다

* '입'과 '잇몸'과 '이빨'이 '천지인'을 이룬 입은 우주다.
* 입은 또 하나의 세상이다.
* '口'를 '입 구', '囗'를 '큰입 구'로 구분한다.

028. 冂(멀 경) : 멀리 떨어진 변방 경계

冂

(멀 경)

【배경】

둘러 싼 경계
먼 경계
멀수록 좋은 국경
저 멀리 있는 경계

【의미】

① 멀다
② 둘레, 경계

【관련한자】

冂(먼데 경) ; 나로부터 멀리 있는 경계

内(안 내) ; 밖에서 들어오는 경계의 안쪽(冂=경계+入=오다)

同(한가지 동) ; 세상 모두는 동일한 하나(冂=경계+口=우주)

冋(들 경) ; 경계가 있는 바깥 쪽 들(冂=경계+口=우주)

囧(빛날 경) ; 안에 하늘의 속성을 담다(冂=경계+口=하늘)

雨(비 우) ; 세상 경계 안으로 날아오는 비(一=하늘+冂=경계)

再(두 재) ; 하늘이 세상에 거듭오다(一=하늘+冂=경계+二=거듭)

冂→凵

凵(입 벌릴 감) ; 위 향해 입 벌리다, 제사용 그릇(祭器)

去(갈 거) ; 제사를 받다, 죽었다(大=사람+凵=제기)

凼(저수지 당) ; 물을 담아 놓은 저수지(水=물+凵=그릇)

函(함 함) ; 물건을 담는 그릇(一=위+水=내려오다+凵=제기)

冂→匚

匚(상자 방) ; 상자에 담아 놓다

匹(필 필) ; 두 발을 담아두다(匚=상자+儿=두 발)

區(지경 구) ; 많은 사람을 담고 있다(匚=상자+品=성품)

匡(바룰 광) ; 하늘을 담아 바르다(匚=상자+王=왕, 하늘)

冂→匸

匸(감출 혜) ; 상자에 감추어 두다

医(의원 의) ; 화살 같은 침 가진 의원(匸=상자+矢=화살)

029. 土(흙 토) : 싹(생명)을 토해내는 흙

土

(흙 토)

【배경】

봄, 파릇파릇 싹이 돋는다
땅이 새싹을 토해낸다
하늘이 준 씨 품고 있던 땅 토해낸다

생명을 토해내는 것이 여성을 닮았다
대지는 여성이다.

【의미】

① 흙, 땅, 대지
② 싹, 나오다
③ 생명을 토해내다
④ 여성, 음

【관련한자】

土(흙 토) ; 싹을 토해낸 흙
壬(줄기 정) ; 싹이 나오는 줄기(丿=작용+土=싹, 나오다)
在(있을 재) ; 손 위에 놓여 있는(才=손+土=흙, 싹, 나오다)
地(땅 지) ; 생명을 잉태하고 토해내는 땅(土=흙+也=잉태)
坤(땅 곤) ; 하늘이 서있는 바탕인 땅(土=흙+申=하늘)
坏(언덕 배) ; 해처럼 둥글게 솟은 언덕(土=흙+不=불, 해)

士(선비 사) ; 싹처럼 공동체를 이끄는 사람(屮=싹+一=땅)
仕(벼슬할 사) ; 선비와 같은 지도자가 되다(亻=닮다+士=싹)

土(흙 토)의 옛글자

* '土'자는 땅 위로 돋아난 싹의 모양이다.
* 싹이 돋는 것을 땅이 싹을 토해낸다고 여겼다.

030. 女(여자 여) : 가정과 혈연의 중심

女

(여자 여)

【배경】

여자는 중심이다
세상의 중심이다
우주 세상의 중심이듯
여성 가정과 혈연의 중심이다.

여성을 중심으로 유지되는 가정
여성을 중심으로 돌아가는 사회
어머니 중심의 모계사회(母系社會)

【의미】

① 여자
② 중심(中=女)

【관련한자】

女(여자 여) ; 가정과 혈연의 중심인 여자
安(편안할 안) ; 중심이 안에 있어 편안하다(宀=형상+女=중심)
好(좋을 호) ; 여성이 자녀를 낳아 좋다(女=여자+子=자녀)
妄(허망할 망) ; 중심을 잃어 허망하다(亡=잃다+女=중심)
妙(묘할 묘) ; 중심이 작아 분별하기 어렵다(女=중심+少=작다)
妥(온당할 타) ; 뿌리와 연결되어 옳다(爫=뿌리+女=중심)
始(처음 시) ; 비로소 중심을 잡은 처음(女=중심+台=태어나다)
如(같을 여) ; 우주와 여자는 '중심'으로 같다(女=중심+口=우주)
姦(간사할 간) ; 중심이 여럿이라는 의미(女=중심+女女=여럿)
佞(아첨할 녕) ; 중심이 둘인 것과 같다(亻=닮다+二=둘+女=중심)
妨(방해할 방) ; 중심이 둘이어서 방해가 되다(女=중심+方=중심)
委(맡길 위) ; 중심을 넘긴다는 의미(禾=벼, 해의 씨+女=중심)

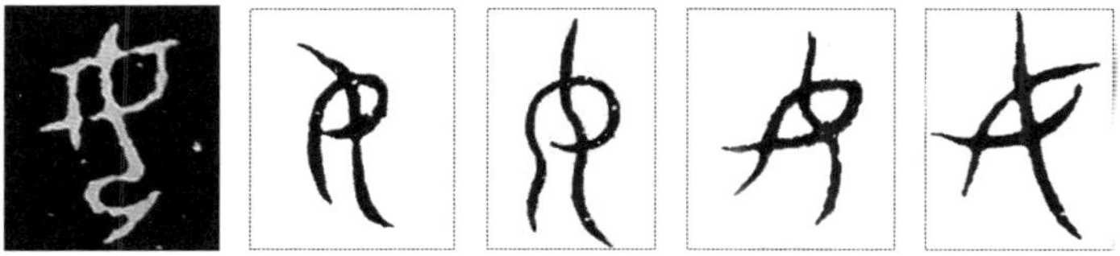

女(여자 녀{여})의 다양한 모습
女자는 中의 변형이므로 中과 女가 같은 모습이다

* 女(여자 녀)자의 옛 모습, 中(가운데 중)자와 모양이 비슷한 것은 두 글자의 기원이 같기 때문이다.
* 한자가 만들어질 당시는 가정과 혈연이 여성을 중심으로 유지되던 모계중심(母系中心)의 사회였으므로 '中'자를 바꿔 '女'자를 만들었다.
* 여자의 '여'라는 말도 '여기', '여당' 에서처럼 '중심'의 의미다.

031. 子(씨앗 자) : 씨의 싹, 알에서 나온 새끼

子

(아들 자, 씨앗 자)

【배경】

싹이 돋는다
씨앗에서 싹이 튼다
씨앗은 언젠가는 싹이 튼다

개구리 알에서 올챙이가 나오듯
씨앗의 싹은 씨의 새끼, 씨의 자식이다

【의미】

① 씨, 씨앗, 종자, 알
② 자식, 새끼
③ 아들

【관련한자】

子(자식 자) ; 알에서 나온 새끼, 씨의 싹(口=알+十=새끼)
孑(외로울 혈) ; 싹은 언제나 혼자다, (싹의 움틈은 혼자서)
矛(창 모) ; 싹의 끝처럼 날카로운 창(子=싹+ノ=작용)
序(차례 서) ; 씨가 몸을 갖는 순서(广=몸+子=싹, 새끼)
孚(미쁠 부) ; 하늘 뿌리와의 연결(爫=손, 자손+子=싹, 새끼)
孕(아이 밸 잉) ; 새끼가 내려오다(乃=오다+子=싹, 새끼)

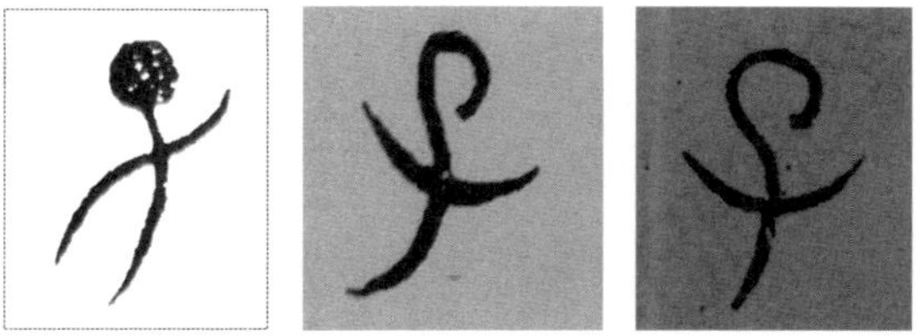

'子(아들 자)'의 옛 글자
알에서 깨어난 올챙이의 모습으로 두 번째라는 의미

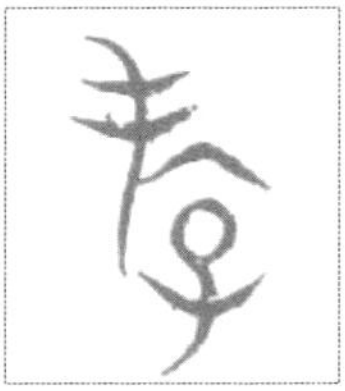

'孝(효도 효)'의 옛 글자
아랫부분에 '子'의 모습이 보인다.

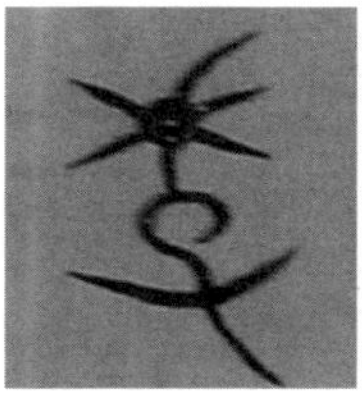

'季(끝 계)'의 옛 글자
아랫부분에 '子'의 모습이 보인다.

* 이자가 생기려면 원금이 있어야 하듯 이자와 같은 '子'는 언제나 두 번째로 첫 번째인 '母(어머니)'를 전제 한다.

032. 屮(싹 철) : 자기 주제를 잘 아는 철든 싹

屮

(싹 철)

【배경】

봄철 가지마다 싹이 돋는다
여리고 약한 싹
그러나 싹은 이미 알고 있다
피워야 할 잎과 꽃과 열매를 그리고 피워야할 때를
무엇을 해야 하는지 아는 싹은 철든 싹

【의미】

① 싹
② 앎, 철, 때

【관련한자】

屮(싹 철) ; 가지에 싹이 돋은 모양(丨+丷)
艸(풀 초) ; 많은 싹(屮=싹+屮=싹)
卉(풀 훼) ; 많은 풀(艸=풀+屮=많다)
茻(잡풀 우거질 망) ; 풀이 우거졌다는 의미(屮=싹+屮=싹)

出(날 출) ; 싹이 나다(屮=싹+屮=싹, 나다)
支(가를 지) ; 줄기에서 나온 가지(屮=싹+又=손, 이어지다)
朱(붉을 주) ; 나무에 씨가 맺혔다는 의미(屮=싹+丶=불, 씨)

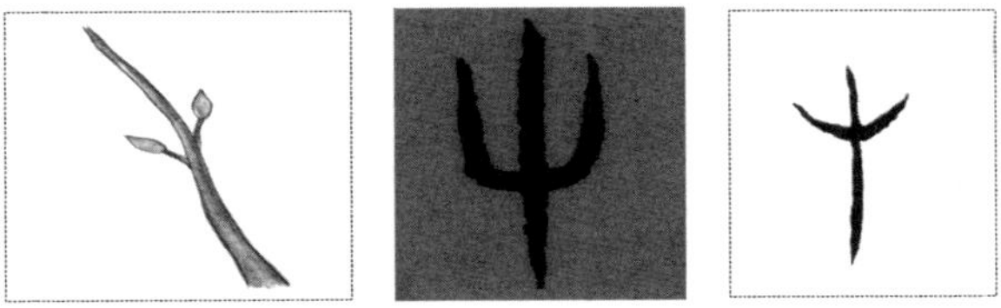

屮(싹 철)의 옛 글자

* 봄이 되면 파릇파릇 나무에 싹이 돋는데 싹은 이미 언제 꽃이 피고 언제 어떤 꽃, 열매를 맺을 지를 잘 알고 있다.
* 싹을 '철'이라 부르는 것은 '철들었다'라고 할 때의 '철'과 같다. '알고 있다'는 뜻이다.

033. 弓(활 궁) : 해처럼 불을 내는 활

弓

(활 궁)

【배경】

불이 타오른다
활로 일으킨 불이 활활 타오른다
불의 근원은 활이다.
불의 근원은 해다.
활은 해다

【의미】

① 활
② 해, 태양, 불, 뿌리
③ 마음
④ 나이, 수명

【관련한자】

弓(활 궁) ; 화살을 날려 보내는 활, 햇살을 보내는 해

弘(클 홍) ; 해의 작용 영역이 크다, 넓다(弓=해+厶=내려오다)

夷(태양 이) ; 큰 양 즉 태양이라는 의미(弓=해+大=크다)

穹(하늘 궁) ; 해가 있는 공간이 하늘이다(穴=공간+弓=해)

弔(조상할 조) ; 해로 돌아간다는 의미(弓=해+丨=올라가다)

引(끌 인) ; 같은 것 끼리 서로 끓어 당긴다(弓=해+丨=하늘)

弗(아닐 불) ; 아직 온전한 해가 아니다(弓=해+刂=나누다)

佛(부처 불) ; 해를 닮은 사람이 부처다(亻=닮았다+弓=해)

侇(무리 이) ; 해로부터 많은 것들이 생기다(亻=닮다+夷=해)

彈(탄알 탄) ; 해처럼 둥근 알이라는 의미(弓=해+單=하나, 한)

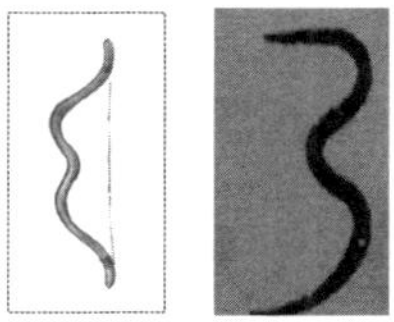

* '천지인'의 관점에서 보면 '활과 화살과 화살촉'은 '해와 햇살과 해의 기운'에 비교된다.('활=해', '화살=햇살', '화살촉=기운')
* '활과 화살과 화살촉'은 '천지인' 즉 '셋'의 상징이다.

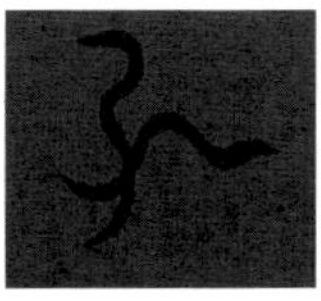

弘(넓을 홍)의 옛 글자
좌변에 弓(활 궁)의 흔적이 보인다

034. 日(날 일, 해 일) : 해가 날의 뿌리

日

(날 일, 해 일)

【배경】

해는 우주의 중심 불덩이
만물이 해의 기운으로 살아간다
해가 만물의 뿌리다

해는 밝음이다, 환하다, 하얗다
날이 밝으면 날이 샌 것,
날것은 생것, 가공하지 않은 것이다

【의미】

① 해, 하늘
② 날, 날것
③ 뿌리, 원인, 근본, 중심
④ 나이

日(해 일)의 옛 글자

【관련한자】

日(해 일) ; 해가 날이며 뿌리

白(흰 백) ; 흰 색은 해의 빛, 해의 색이다(ノ=빛+日=해)

帛(비단 백) ; 햇빛과 같은 색의 옷감(白=햇빛+巾=옷감)

旦(아침 단) ; 해가 땅 위로 떠오른 아침(日=해+一=땅)

易(바꿀 역, 쉬울 이) ; 해와 물은 쉽게 바뀐다(日=해+勿=물)

星(별 성) ; 별은 해가 낳은 자식(日=해+生=낳다)

早(새벽 조) ; 해의 씨가 아직 붙어있는 새벽(日=해+十=씨)

昭(밝을 소) ; 해로부터 오는 밝음(日=해+召=내려오다)

春(봄 춘) ; 봄은 불(해)이 오는 계절(∈∋=두 손+日=해)

時(때 시) ; 절에서 해를 살펴 때를 가늠하다(日=해+寺=절)

昆(형 곤) ; 해(나이)를 비교하다(日=해+比=비교)

旴(클 우) ; 해, 하늘이 온다는 의미(日=해+于=위에서 내려오다)

* '日'자는 해의 모양이다.
* 세상 만물이 해의 영향으로 살아간다.
* 해는 이 세상 온갖 것의 뿌리, 이 세상의 중심

035. 月(달 월) : 허공으로 훨훨 달아난 달

月

(달 월)

【배경】

달은 섬이다
달아나다 멈추어 선 섬이다
우주를 향해 날아가다가 멈추어선 섬이다
지구에서 우주로 훨훨 달아나다 멈추어선 달

달은 몸,
햇빛 받아 빛나는 달은 해(하늘) 담은 몸

【의미】

① 달, 달빛
② 떨어져 나왔다
③ 몸

【관련한자】

月(달 월) ; 달, 달아나다
有(있을 유) ; 손에 내려와 '있다'(手=손+月=떨어져 나오다)
明(밝을 명) ; 햇빛 달빛으로 세상이 밝다(日=해+月=달)
肖(닮을 초) ; 나뉘어 와 서로 닮았다(小=나뉘다, 작다+月=달)
期(기약할 기) ; 지금과 다른 어느 때(其=어느, 음+月=달)
朔(초하루 삭) ; 돌이켜 다시 시작하는 날(羊=해, 처음+月=달)

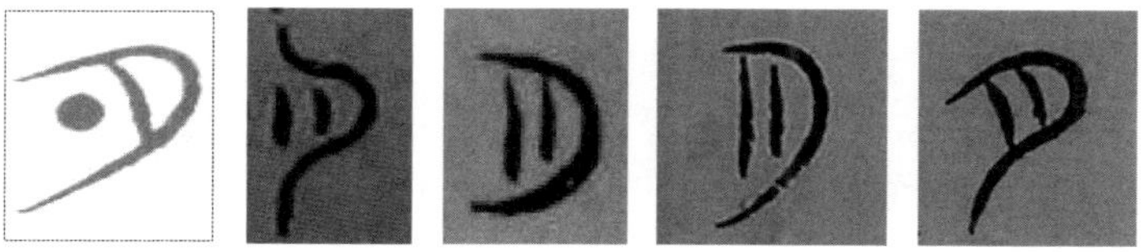

月(달 월)의 옛 글자

* 달을 옛날에는 '섬'이라고 불렀다.
* 섬은 바다를 향하여 나아가다가 멈추어 '선' 땅이며
  달은 우주를 향하여 나아가다 선 땅이라는 의미다.
* 달은 지구에서 떨어져나간 것으로, '月'은 떨어져 나가는 모습

036. 井(우물 정) : 북두성의 머리 국자 네 별

井

(우물 정)

【배경】

위에서 아래로 흐르는 물
물은 하늘에서 먼저 생긴다
위 하늘 북두칠성에서 처음 생긴다
북두칠성의 머리 네 별이 우물이다
우물은 윗물 하늘 물

어둔 밤하늘의 별 북두칠성
북두칠성은 어둠이다
음이다 부정이다

【의미】

① 북두칠성
② 우물, 샘, 용기
③ 어둠, 음

【관련한자】

井(우물 정) ; 물이 솟는 우물(井=丼)
寒(찰 한) ; 얼음을 간직하여 차다(宀=공간+井=음+冫=얼음)
塞(변방 새) ; 밖으로 더 나아간 변방(宀=공간+井=음+土=땅)

耳(귀 이) ; 죽어 돌아가는 칠성, 소리가 들어가는 귀(井=耳)
巨(클 거) ; 밝음을 먹는 어둠은 크다(井→巨=어둠, 음, 칠성)
甘(달 감) ; 북두칠성처럼 오묘한 하늘의 맛(丼→丹=칠성, 음)
丹(붉을 단) ; 북두칠성(밝음)과 연결되어 붉다(丼→丹=칠성, 음)
其(그 기) ; 이것저것 아닌 어떤 그것(丼=칠성, 음+廾=받들다)
某(아무 모) ; 분명하지 않은 어떤 사람(井=칠성, 음+木=연결)
靑(푸를 청) ; 칠성에서 나온 푸른 색(丼=칠성+生=생기다)

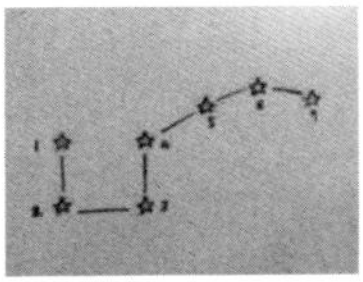

* '井'자는 북두칠성의 머리 네별(璇璣玉衡)을 연결한 모양
* 옛 사람들은 물이 맨 처음 생성되는 곳이 북두칠성의 머리 네 별이라고 생각했다. 북두칠성이 하루 한 바퀴 북극성을 돌면서 국자모양의 그릇에 물이 생긴다고 생각했다.
* 丹, 甘, 耳, 巨, 其, 某, 牙, 靑, 鼠 등은 '井'의 변형

037. 斗(말 두) : 북두칠성은 두 번째 해

斗

(말 두)

【배경】

낮엔 해
밤엔 별
별 중의 별 북두칠성
북두칠성은 해의 두 번째 자식이다

북두칠성의 국자 네별은 물건의 양을 재는 도량형기
북두칠성을 기준으로 양을 재다

【의미】

① 북두칠성
② 양을 재는 도구(도량형기)
③ 해의 두 번째 자식

해가 떠서 지고, 별이 뜨는 밤이 오면 곧 하루가 완성된다

【관련한자】

斗(말 두) ; 북두칠성은 해의 두 번째 자식(冫=두 번째+十=자식)
料(되질할 료) ; 곡식의 양을 재다(米=곡식+斗=말(도량형기))
科(과정 과) ; 벼의 자라는 과정을 가늠하다(禾=벼+斗=재다)
阧(치솟을 두) ; 칠성이 있는 하늘 향해 솟다(阝=언덕+斗=칠성)
夞(오를 승) ; 하늘 향해 걷다(夕=발걸음+斗=칠성)
斜(비낄 사) ; 비스듬한 북두칠성의 모습(余=제사+斗=칠성)
蚪(올챙이 두) ; 북두칠성과 같은 올챙이(虫=곤충+斗=칠성)
'해→칠성'='개구리 알→올챙이'의 관계

'斗'의 옛 글자

* '斗'자는 두 번째(冫) 해(十)의 표시로 북두칠성을 의미
북두칠성의 머리 네 별의 모양을 이용 도량형기의 단위로 쓴다.

038. 尸(주검 시) : 죽어서 돌아가는 북두칠성

尸

(시동 시, 주검 시)

【배경】

북두칠성은 고향이다.
죽으면 다시 돌아가는 고향이다
죽음이 곧 북두칠성이다.
북두칠성이 곧 사람이다

【의미】

① 북두칠성
② 죽음, 주검
③ 사람의 몸
④ 집, 가호, 보호

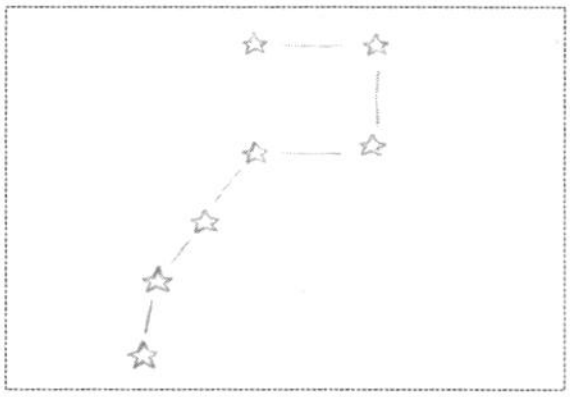

【관련한자】

尸(주검 시) ; 사람의 죽은 몸, 북두칠성으로 간 사람의 모습
戶(집 호) ; 북두칠성처럼 보호하는 집(丿=작용+尸=북두칠성)
房(방 방) ; 집의 중심은 방이다(戶=집+方=방, 중심)
肩(어깨 견) ; 몸에 붙어 따라다니는 어깨(戶=집+月=몸)

尺(자 척) ; 북두칠성이 단위의 척도(尸=칠성+㇏=단위)
尿(오줌 뇨) ; 몸의 아래로 나오는 오줌(尸=몸+水=물)
屎(똥 시) ; 몸에서 나오는 살 같은 똥(尸=몸+米=살, 쌀)
尾(꼬리 미) ; 몸에 밑에 달린 긴 꼬리털(尸=몸+毛=털)
屋(집 옥) ; 햇살이 들어 사는 집(尸=칠성+至=햇살, 이르다)
居(있을 거) ; 북두칠성의 보호 아래 있다(尸=칠성+古=서다)
局(판 국) ; 구획된 일정한 한 영역 (尸=칠성+句=구분되다)

* 해가 어둠에서 나와 어둠으로 돌아가듯 사람이 어둔 밤 북두칠성에서 왔다가 죽으면 다시 북두칠성으로 돌아간다고 여겼다.
* 사람의 몸과 주검을 북두칠성과 동일하게 여겼다.

039. 七(일곱 칠) : 북두칠성 일곱 별

七

(일곱 칠)

【배경】

낮엔 해, 밤엔 별
별은 해의 씨, 해의 자식이다, 해가 낳았다
별 중의 별 북두칠성

북두칠성 일곱 별
어두운 밤하늘의 북두칠성

【의미】

① 일곱
② 북두칠성
③ 어둠, 죽음, 어둠의 권위
④ 사람

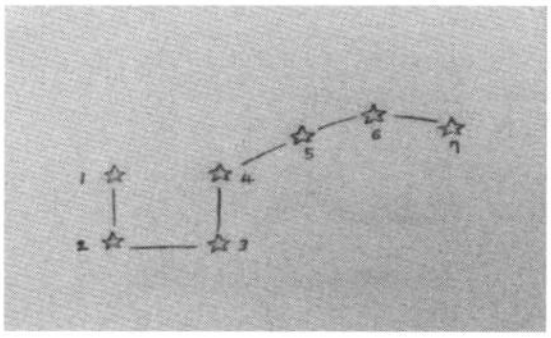

【관련한자】

七(일곱 칠) ; 북두칠성의 일곱(7)별
匕(비수 비) ; 칠성이 생명을 거두듯 자르는 도구(七+匕=칠성)
切(끊을 절) ; 칠성의 권위로 다 자르다(七=칠성+刀=칼, 가르다)
切(모두 체) ; 칠성의 권위로 모두 자르다(七=칠성+刀=칼, 가르다)
比(견줄 비) ; 칠성과 칠성을 서로 비교하다(匕=칠성+匕=칠성)
北(북녘 북) ; 남향할 때 등 쪽이 북쪽(밝)이다(亻=사람+匕=사람)
牝(암컷 빈) ; 음의 속성을 가지다(牛=이치+匕=칠성, 음, 여성)
此(이 차) ; 해와 북두칠성이라는 의미(止=발(해)+匕=칠성)
化(될 화) ; 북두칠성을 닮으면 되는 것(亻=닮았다+匕=칠성)
花(꽃 화) ; 풀은 꽃이 피면 되는 것이다(艹=식물+化=되다)
庀(다스릴 비) ; 칠성의 세력이 미치는 공간(广=공간+匕=칠성)
蛇(뱀 사) ; 북두칠성처럼 생긴 모양의 뱀(它=뱀+虫=벌레)

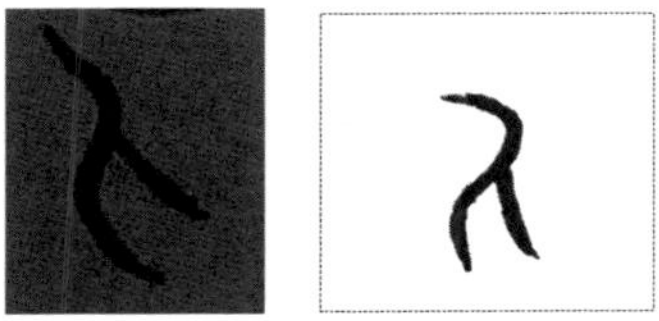

匕(비수 비), 七(일곱 칠)과 같다

* '七'은 '匕'와 모양과 의미가 같다. 북두칠성의 상징이다.
* '七'은 '十'과 의미가 같다. 북두칠성이 해의 씨라는 의미다.

040. 手(손 수) : '하늘→머리→손'의 세 번째

手

(손 수)

【배경】

머리의 지시에 따라 일하는 손
손의 주인은 머리, 머리의 주인은 하늘
손은 '하늘→머리→손'의 관계로, 하늘이 내려오는 통로

'하늘→머리→손' 셋이듯
'할아버지→아들→손자' 셋이듯
'알→올챙이→개구리' 셋이듯

손은 자손, 하늘에서 이어진 하늘의 자손
손은 일손, 하늘 머리 대신 일하는 일손
손은 손님, 주인이 아닌 손님

【의미】

1) 손, 손의 작용, 재주, 솜씨, 힘, 일꾼, 수고
2) 뿌리, 자손, 손님, 끝, 내려오다, 세 번째
3) 짝, 둘, 합해서 하나

【관련한자①】

手(손 수) ; '하늘→머리→손'으로 위에서 내려온 세 번째 손
掌(손바닥 장) ; 손에서 물건을 향하는 쪽(尙=향하다+手=손)
拏(붙잡을 라) ; 손으로 붙잡다(奴=종+手=손)

孫(자손 손) ; 머리에서 이어진 손의 관계(子=머리+系=이어지다)
遜(겸손할 손) ; 손님처럼 행동하다(辶=이동, 행동하다+孫=손님)
搎(더듬을 손) ; 손으로 더듬다(扌=작용+孫=손)

手(손 수)   毛(털 모)

위에서 내려오는 순서의 세 번째를 나타내기 위해 세 줄로 나타냈다

* 扌, 又, 寸, 司, 力, 九, 左, 右, 才, 丈, 反, 友, 受, 授, 爪, 瓜, 爫, ⺕, 非, 廾, 臼, 兆, 共, 若, 舁 등이 모두 손의 모양과 기능, 의미를 이용해서 만든 글자들이다.

手 = 扌

打(칠 타) ; 손으로 치다, 손의 작용(扌=손+丁=작용, 움직임)
投(던질 투) ; 손으로 나아가게 하다(扌=손의 작용+殳=잠시 잡다)
扶(도울 부) ; 싹이 나도록 손대다(扌=손의 작용+夫=움트다)
技(재주 기) ; 재주는 주로 손으로 나타난다(扌=손+支=나오다)
持(가질 지) ; 절에서는 손에 무언가를 쥐고 있다(扌=손+寺=절)
排(밀칠 배) ; 손으로 밀어 배척하다(扌=손의 작용+非=배척)
授(줄 수) ; 손으로 주고받는다(扌=손의 작용+受=손)
司(맡을 사) ; 사명(하늘에서 온 것)을 맡다(又=손+口=하늘)

【관련한자②】

手 = 又

又(또 우) ; 손의 반복된 동작
叉(깍지낄 차) ; 두 손을 둥글게 맞잡다(又=손+丶=해, 둥글다)
受(받을 수) ; 손에서 손으로 서로 주고받다(爫=손+又=손)
取(취할 취) ; 손으로 잡다(耳=칠성(미정의 사물)+又잡다)
父(아비 부) ; 하늘을 붙잡아 자식과 잇는 분(丨=기둥+又=잡다)
尹(맏 윤) ; 하늘 제사의 권리를 가진 맏이(丨=기둥+又=잡다)
叔(아재비 숙) ; 기대고 서다, 어리다(丫=기둥+又=잡다)

反(되돌릴 반) ; 손을 뒤집듯 돌리다(手=손+又=손)
返(돌아올 반) ; 손을 뒤집듯 돌아오다(辶=가다+反=뒤집다)
板(널빤지 판) ; 손바닥처럼 넓적한 나무(木=나무+反=손바닥)

父(아비 부)

尹(맏 윤)

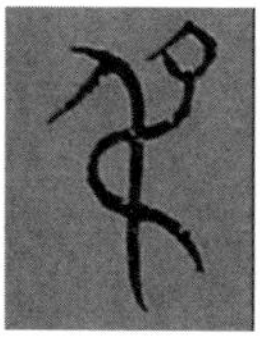
叔(아재비 숙)

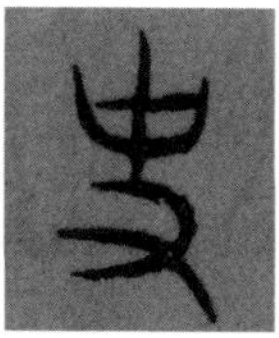
史(역사 사)

【관련한자③】

手 = 寸

寸(마디 촌) ; 손의 작용을 가능하게 하는 마디
付(줄 부) ; 주는 것은 손의 기능(亻=닮았다+寸=붙잡다)
守(지킬 수) ; 손의 작용이 미치는 공간(宀=공간+寸=붙잡다)
寺(절 사) ; 발(해)을 받드는 곳이 절(止=발, 해+寸=붙잡다)
府(곳집 부) ; 공무를 수행하는 관공서(广=관청+付=붙잡다)
附(붙을 부) ; 본체에 기대다, 의지하다(阝=언덕+付=붙잡다)
封(봉할 봉) ; 영토(봉지)를 받다(圭=땅+寸=붙잡다)
符(부신 부) ; 서로 맞추어 보는 부절(竹=신표+付=관청)
射(쏠 사) ; 활에 화살을 재서 당기다(身=활과 화살+寸=붙잡다)
尌(세울 주) ; 음식을 위해 시설을 세우다(壴=제사+寸=설치하다)
導(이끌 도) ; 도리를 따르도록 붙잡아 주다(道=길+寸붙잡다)

守(지킬 수)

府(곳집 부)

射(궁술사)

【관련한자④】

手 = 力

力(힘 력) ; 손으로 나타나는 힘, 힘은 주로 손으로 표현된다
加(더할 가) ; 하늘의 손이 와서 더하다(力=손, 도움+口=하늘)
男(사내 남) ; 세상에 온 손(일손, 자손)(田=하늘의 일터+力=손)
功(공 공) ; 하늘에 쌓인 수고로움(工=하늘, 땅의 연결+力=노고)
劦(힘 합할 협) ; 여러 손이 함께(力=손, 도움+力=손)
助(도울 조) ; 드러나지 않은 은밀한 손길(耳=칠성, 은밀함+力=손)

男(사내 남)의 옛 글자
세상(田)에 나(내려)온 하늘의 자손(力)의 의미

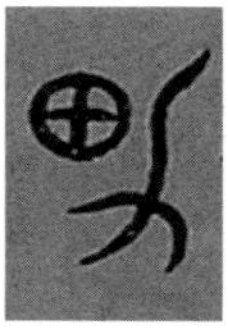

【관련한자⑤】

手 = 九

九(아홉 구) ; '하늘-머리-손'의 끝인 손과 '1~9'의 끝 '9'는 같다
손은 둘이다, 둘은 짝이다, 짝은 벗이다, 부부다
仇(짝 구) ; 손처럼 둘이 하나가 되는 관계(亻=닮았다+九=손)
丸(알 환) ; 주먹을 쥔 것처럼 둥글다(九=손+丶=둥글다)
勼(모을 구) ; 손으로 긁어모으다(勹=싸다+九=손)
究(궁구할 구) ; 어둔 굴속을 더듬듯이 찾는다(穴=굴+九=손)
執(잡을 집) ; 손으로 잡다(幸=다행+丸=손의 작용)
軌(길 궤) ; 바퀴를 붙잡은 듯 수레가 가는 길(車=수레+丸=잡다)

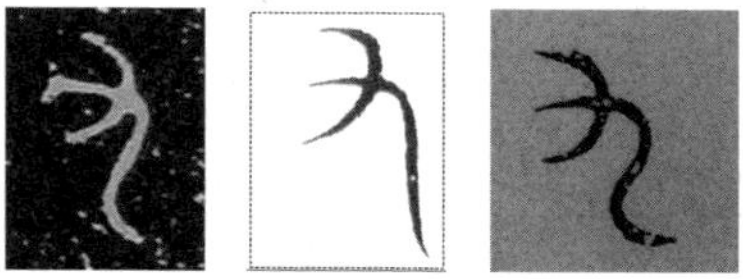

九(아홉 구), 力(힘 력{역})의 옛 글자
모두 손의 모양이다

【관련한자⑥】

手 = 左

左(왼 좌) ; 땅에 속한 손(手=손+工=땅)
　　　　손은 둘이다, 둘은 짝이다, 상대적이다
　　　　상대적인 관계는 하늘과 땅이 시초다
右(오른쪽 우) ; 오른 손은 하늘에 속한 손(手=손+口=하늘)
佐(도울 좌) ; 세상에서 오는 도움의 손길(亻=닮았다+左=왼 손)
佑(도울 우) ; 하늘에서의 도움의 손길(亻=닮았다+右=오른 손)
有(있을 유) ; 손 위에 놓여 있다(手=손+月=떨어져있다)
若(같을 약) ; 손과 손은 서로 같다(卄=여럿+右=오른 손)
差(다를 차) ; 하늘과 땅은 서로 다르다(羊=양, 해+左=왼손, 땅)
着(붙을 착) ; 해와 눈은 붙어 있다(羊=해+左=손, 땅+目=연결)
隋(수나라 수) ; 떨어져 나간 나라(阝=땅+左=왼손+月=나가다)
墮(떨어질 타) ; 땅으로 떨어지다(隋=떨어져나가다+土=땅)
隨(따를 수) ; 잇따라 따라가다(隋=떨어져나가다+辶=가다)

有(있을 유)

有(있을 유)

若(같을 약)

右(오른쪽 우)

左(왼 좌)

差(어긋날 차)

【관련한자⑦】

手 = 爫

爫(손톱 조) ; 손톱, 손, 위 하늘에서 이어진 손
손의 끝 손톱은 다시 하늘로 가는 뿌리

妥(온당할 타) ; 뿌리와 중심이 연결되다(爫=뿌리+女=중심)

受(받을 수) ; 손에서 손으로 주고받다(爫=손+又=손)

爭(다툴 쟁) ; 손과 손이 서로 뺏으려 다투다(爫=손)

爲(할 위) ; 위에 있는 해(하늘)가 한다(爫=뿌리, 하늘에서 이어짐)

愛(사랑 애) ; 마음을 움직여 변하게 하다
(爫=뿌리, 하늘, 이어짐+冖=덮다+心=마음+夊=움직임)

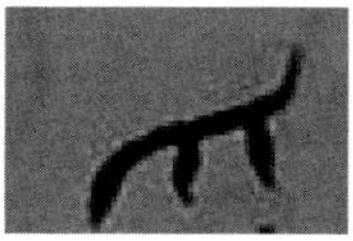

爫(손톱 조)

受(받을 수)

孚(미쁠 부)

爲(할 위)

孚(미쁠 부) ; 하늘에 뿌리를 두어 믿을만하다(爫=뿌리+子=씨)

浮(뜰 부) ; 하늘에 연결되어 떠 있다(氵=작용+孚=위와 연결)

俘(사로잡을 부) ; 붙잡힌 것과 같다(亻=닮았다+孚=위와 연결)

乳(젖 유) ; 새끼를 위해 하늘이 준 젖(孚=미쁘다+乙=새끼)

手 = 爫 = 瓜

瓜(오이 과) ; 식물의 넝쿨손, 넝쿨손이 있는 오이과 식물

抓(끌어당길 과) ; 손과 손이 서로 잡아끌다(扌=손+瓜=손)

* '하늘-머리-손'에서 손끝의 손톱은 손의 뿌리

【관련한자⑧】

手 = 扌 = 才

才(재주 재) ; 손으로 표현되는 재주
材(재목 재) ; 손의 솜씨를 나타낼 재목(木=연결+才=재주)
財(재물 재) ; 무언가를 할 수 있는 재물(貝=재물+才=재주)

手 = 又 = 司

司(맡을 사) ; 맡다, 손으로 붙잡다(又=손+口=어떤 것)
飼(먹일 사) ; 먹는 것을 맡았다(食=음식, 먹다+司=맡다)
祠(사당 사) ; 제사 관련 일을 맡은 곳, 사당(示=제사+司=맡다)
伺(엿볼 사) ; 붙잡은 듯하다(亻=닮다+司=맡다)
詞(말씀 사) ; 말의 높임(言=말+司=맡다)

爫 = ヨ

彐(고슴도치 머리 계) ; 하늘에서 이어지다(彐=爫=손)
雪(눈 설) ; 비처럼 와서 손에 잡히는 것이 있다(雨=비+彐=손)
彝(떳떳할 이) ; 하늘 제사는 떳떳하다(彐=손, 연결+제사)

司(맡을 사)

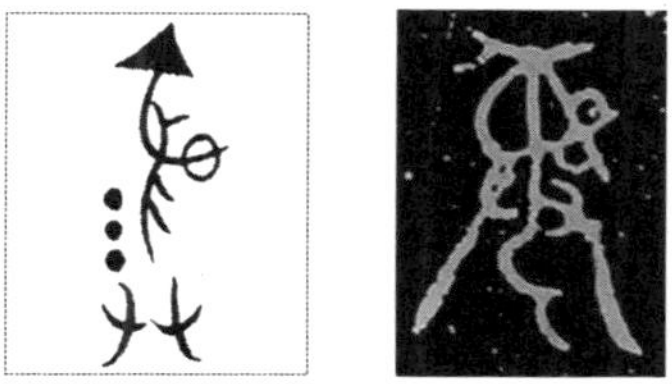

彝(떳떳할 이)

041. 非(아닐 비) : 두 손 서로 등지면 안 된다

非

(아닐 비)

【배경】

사람의 손은 둘이다
둘이 합하여 하나다
서로 합하여 한 몸을 이룬다
원래 합하여 하나이므로 두 손 서로 등지면 안 된다

【의미】

① 손, 두 손
② 둘, 많다
③ 두 손이 등지다
④ 아니다, 배척하다

【관련한자①】

非(아닐 비) ; 두 손이 서로 등지는 건 아니다, 잘못(∋∈)
厞(더러울 비) ; (깨끗하지) 않은 공간(厂=공간+非=아니다)
罪(허물 죄) ; 아닌 것을 내포한 허물(罒=그물+非=분열, 나눔)
排(밀칠 배) ; 서로 밀어 배척하다(扌=손의 작용+非=아니다)
奜(클 비) ; 곱절만큼이나 크다(非=둘, 두 손+大=크다)
扉(문짝 비) ; 양쪽으로 여닫는 문짝(戶=집, 문+非=둘, 양쪽)
悲(슬플 비) ; 바른 마음이 아닌 슬픔(非=아니다+心=마음)
斐(오락가락할 비) ; 두 방향 오락가락 하다(非=둘, 양쪽+文=문)
輩(무리 배) ; 둘인 것과 같이 많다(非=둘, 여럿+車=수레)
誹(헐뜯을 비) ; 서로 비방하는 (좋지 않은)말(言=말+非=아니다)

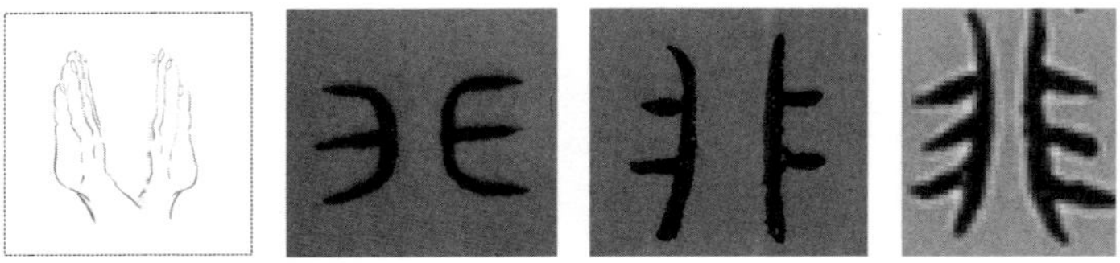

非(아닐 비)의 옛 글자

* '非'자는 두 손이 서로 등진 모양이다.
* 두 손은 원래 합해서 하나이므로 서로 화합하여야 하는데 서로 등진 모양 이므로 '아니다'라는 부정의 의미로 쓴다.
* '둘', '여럿'의 의미로도 쓴다.

【관련한자②】

∈∋=臼

臼(절구 구, 확 구) ; 움푹 패인 절구, 확, 자궁(臼=두 손)
兒(아이 아) ; 숨구멍이 열린 갓난 아이(臼=머리+儿+움직이다)
申(펼 신) ; 두 손으로 '丨'을 잡아 신성하다(臼=두 손+丨=하늘)
與(줄 여) ; 두 손으로 함께 들어 주다(臼=두 손+廾=받들다)
興(일어날 흥) ; 함께 합하여 일어나다(舁=마주 들다+同=같이)
盥(대야 관) ; 두 손으로 물을 퍼 올리다(臼=두 손+水=물)
舊(옛 구) ; 해가 세상에 처음 태어난 옛날(隹=새(해)+臼=자궁)
鼠(쥐 서) ; 어둔 구멍에 사는(서식하는) 쥐(臼=구멍+耳=어둠)

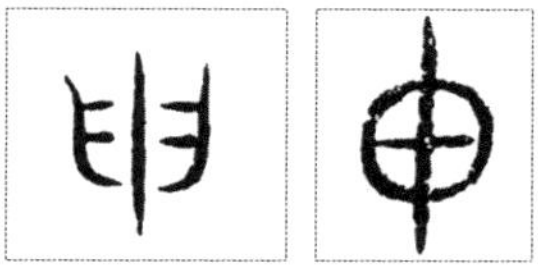
申(펼 신)

共(함께 공)

盥(대야 관)

【관련한자③】

∈∋=廾

廾(두 손으로 받들 공) ; 두 손으로 들어 전하는 모양, 함께
共(함께 공) ; 두 손을 함께 하여 받들다(卄=두 손+廾=받들다)
洪(큰물 홍) ; 많은 물이 모였다는 의미(氵=물+共=함께)
弄(희롱할 롱) ; 손으로 구슬을 굴리다(王=구슬+廾=받들다)
舁(마주 들 여) ; 두 손 합하여 마주 들다(臼=두 손+廾=받들다)
與(줄 여) ; 두 손으로 들어 주다(舁=마주 들다+方=중심)
畀(줄 비) ; 두 손으로 들어 주다(田=어떤 물건+廾=받들다)

【관련한자④】

∈ ∋ = 友

友(벗 우) ; 두 손과 같이 둘이 있어 온전한 짝(又+又)
爰(이에 원) ; 하늘의 손과 손이 이어지다(爫=뿌리+友=손)
暖(따뜻할 난) ; 해와 이어지다(日=해+爰=손, 이어지다)
援(당길 원) ; 손과 손이 잡아당기다(扌=손+爰=손)

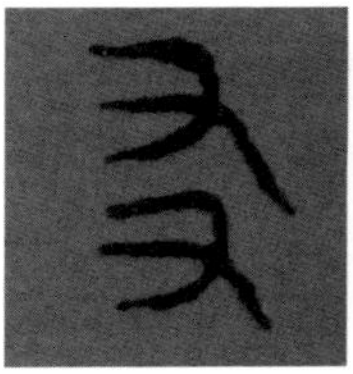

友(벗 우)의 옛 글자

【관련한자⑤】

非 = 兆

兆(조짐 조) ; '하늘→머리→손'으로 하늘에서 내려오다
(兆=非=∋∈)

042. 斤(도끼 근) : 봉지 개척은 도끼가 제격

斤

(도끼 근, 봉지 근)

【배경】

임금 제후에게 영토(봉토, 봉지)를 주고
제후 임금으로부터 영토 받아 개간한다
나무 베고 집을 짓고 경작지를 만든다
나무를 베고 농경지를 만드는데 도끼가 필요하다

영토를 받은 제후 군사를 길러 도읍을 지킨다

【의미】

① 영토(領土), 영지(領地), 제후의 봉지(封地)
② 도끼, 대패 등 새 경작지를 개척하는 도구

【관련한자】

斥(개척할 척) ; 봉지를 새롭게 개척하다(斤=봉지+丶=새롭다)
近(가까울 근) ; 봉지(封地)는 도읍과 가깝다(辶=거리+斤=봉지)
圻(경기 기) ; 도읍 500리 안의 영토(土=땅+斤=도읍의 근교)
欣(기뻐할 흔) ; 봉지를 받아 기쁘다(斤=봉지+欠=내려오다)
祈(빌 기) ; 제후가 임금에게 보고하다(示=하늘, 제사+斤=봉지)
析(가를 석) ; 봉지에 섞인 것들을 구분하다(木=연결+斤=봉지)
新(새 신) ; 봉지를 받아 새롭게 개척하다(辛=힘들다+斤=봉지)

斤(도끼 근)의 옛 글자
'乙'의 봉지(厂)라는 의미를 담고 있다

* 고대 봉건사회에서는 궁성을 중심으로 주위의 땅을 제후들에게 분봉(分封)하여 외적의 침입에 대비했는데 봉지(封地,)를 받은 제후는 봉지를 개척하여 농토와 병사를 길렀다.
* '斤'자는 원래 제후가 임금으로부터 받은 땅의 표시다. 그런데 제후가 받은 땅은 아직 손길이 닿지 않은 미개척지였으므로 나무를 베어내기 위해 도끼와 같은 도구가 필요했다.

043. 文(글월 문) : 머리 정수리의 하늘 문

文

(글월 문, 깨달을 문)

【배경】

사람의 머리에 문(頂門)이 있다
하늘이 들어오는 문이다
마음이 하늘과 통하는 문이다
출입하는 문이다
문을 통해 깨닫는다

【의미】

① 문, 정문(頂門)
② 글
③ 무늬

【관련한자】

文(글월 문) ; 정수리 문을 통해 하늘과 소통의 결과를 적은 글
妏(낳을 문) ; 여성의 문으로 낳았다는 의미(女=여성+文=문)
抆(닦을 문) ; 손으로 문지른다는 의미(扌=손, 손의 작용+文=문)
忞(힘쓸 민) ; 마음이 정문을 뚫기 위해 힘쓰다(文=문+心=마음)
紋(무늬 문) ; 직물의 무늬(糸-실, 섬유+文=문)
紊(어지러울 문) ; 얽힌 실타래처럼 어지럽다(文=문+糸=실)
斐(오락가락할 비) ; 문의 양쪽으로 왔다 갔다 하다(非=둘+文=문)

彦(선비 언) ; 깨친 머리 문을 가진 사람(文=문+厂=영역+彡=털)
産(낳을 산) ; 머리 문으로 만들다(文=문+厂=영역+生=낳다)

斈(배울 학) ; 머리의 정문으로 얻은 것(文=문+子=씨앗, 결실)
斍(깨달을 각) ; 정문의 작용으로 얻은 깨달음(文=문+見=안목)

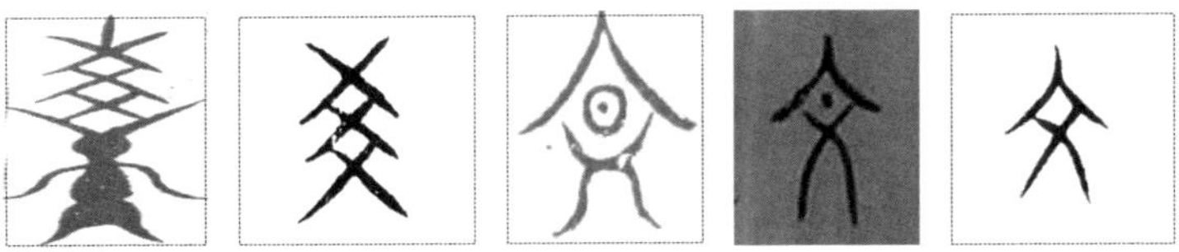

文(무늬 문)의 옛 글자

* '文'자는 사람의 머리 꼭대기에 있는 숨구멍(頂門)을 나타낸다.
* 머리의 문은 마음이 하늘과 소통하는 출입문이다.
* '문자(文字)'라는 말은 깨달은 사람들이 만든 기호라는 뜻이다.

044. 方(모 방) : 땅(□)처럼 방은 집의 중심

方

(네모 방, 모 방)

【배경】

‘○’ 하늘이고
‘□’ 땅이다

땅은 네모,
네모(□)는 ‘방’이고, ‘방’은 집의 중심이다

【의미】

① 땅, 흙
② 방위, 사방
③ 방, 중심
④ 깃발

【관련한자】

方(모 방) ; 땅, 중심, 방위, 방, 네모
仿(모방할 방) ; 중심이 비슷하다, 닮았다(亻=닮았다+方=중심)
防(둑 방) ; 언덕처럼 높이 솟은 땅 둑(方=땅, 흙+阝=언덕)
妨(방해할 방) ; 두 중심이 서로 방해가 되다(女=중심+方=중심)
彷(거닐 방) ; 방의 이곳저곳을 오고가다(彳=거닐다+方=방)
放(놓을 방) ; 중심을 놓아 준다는 의미(方=중심+攵=치다)
芳(꽃다울 방) ; 풀의 중심은 꽃과 향기다(艹=풀+方=중심)
房(방 방) ; 집에서는 방이 중심이다(方=중심+戶=집)
傍(곁 방) ; 중심을 닮은 곁의 의미(亻=닮았다+旁=곁)

㫃(깃발이 나부끼는 모양 언) ; 씨족의 깃발(方=깃대+人=깃발)
旅(여행 여) ; 천제를 위한 씨족 무리의 이동(㫃=깃발+氏=씨족)
族(겨레 족) ; 함께 천제 지내는 씨족무리(㫃=천제+矢=살붙이)
旄(깃대장식 모) ; 씨족장의 소꼬리로 만든 기(㫃=깃발+毛=털)
旗(기 기) ; 곰과 범을 그린 붉은 기(㫃=깃발+其=칠성)

方(모 방)

㫃(깃발이 나부끼는 모양 언)

* '方'자의 '방'은 땅의 '네모'를 나타내는 '방'과 같다.
* 땅이 세상의 중심이므로 '중심'이라는 뜻으로도 쓰인다.
* 옛 사람들은 '천원지방(天圓地方)'이라 하여 '하늘은 둥글고 땅은 네모'라고 생각했다.

045. 木(나무 목) : 하늘 땅 연결하는 나무

木

(나무 목)

【배경】

나무는 땅에 뿌리 내리고
하늘 향해 가지 뻗고 자란다
하늘과 땅을 연결할 듯 하늘 향해 높이 자란다
하늘과 땅을 연결한다

【의미】

① 나무, 목재
② 연결
③ 하늘과 땅의 연결

【관련한자①】

木(나무 목) ; 하늘 향해 가지 뻗고 땅으로 뿌리 뻗는 나무
本(근본 본) ; 나무는 뿌리가 근본(木=나무+丶=근본, 뿌리)
未(아닐 미) ; 아직 다 자라지 못했다(木=나무+一=표시, 지시)
末(끝 말) ; 나무의 끝 부분(木=나무+一=표시, 지시)
不(아닐 불) ; 아직 땅위로 싹을 내지 못함(一=땅+小=뿌리)
支(가지 지) ; 줄기에 붙어있는 가지(屮=가지+又=손, 붙잡다)
皮(가죽 피) ; 가지에서 더 나간 껍질(丿=나가다+支=가지)

片(조각 편) ; 통나무를 절반 나눈 것의 오른쪽(爿+片=나무)
爿(조각 장) ; 통나무를 절반 나눈 것의 왼쪽(爿+片=나무)

杲(밝을 고) ; 나무 위에 해가 있다, 밝다(日=해+木=나무)
杳(어두울 묘) ; 나무 밑 해, 어둡다(木=나무+日=해)

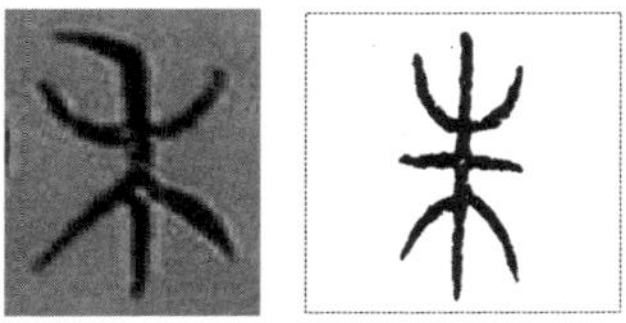
木(나무 목)

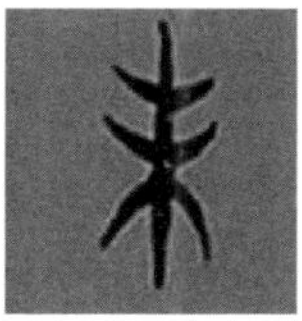
未(아닐 미)

不(아닐 불)

材(재목 재) ; 공작에 사용될 나무 재료(木=목재+才=재주)
村(마을 촌) ; 하늘의 자손들이 모여 사는 마을(木=연결+寸=자손)
林(수풀 림) ; 많은 나무(木=나무+木=나무)
松(소나무 송) ; 하늘의 이치 상징나무(木=나무+公=공공, 귀하다)
析(가를 석) ; 섞여있는 것을 나누다(木=연결+斤=도끼)
果(실과 과) ; 밭에서 거두는 결실(열매)(田=밭+木=연결)
枝(가지 지) ; 나무의 줄기에서 뻗어나간 가지(木=나무+支=가지)
某(아무 모) ; 특정하지 않은 사람(木=연결+耳=칠성, 음)
葉(잎 엽) ; 나무에서 많은 것은 나뭇잎(木=나무+世=많다)
柔(부드러울 유) ; 어린 싹 부드럽다(矛=싹+木=나무)
查(사실할 사) ; 연결된 뿌리 즉 원인을 찾다(木=연결+且=뿌리)
柳(버들 류) ; 무성하게 뻗는 나무(木=나무+卯=세포 분열)
校(학교 교) ; 앎(배움)을 주고받는 곳(木=연결+交=나누다)
核(씨 핵) ; 해(핵심)와 연결된 씨(木=연결+亥=해, 핵심)
根(뿌리 근) ; 뿌리에 하늘이 와 있다(木=연결+艮=하늘)
桓(푯말 환) ; 해와 연결되어 굳세다(木=나무, 연결+亘=해)
桼(옻 칠) ; 나무에서 나오는 수액(木=나무+氺=물, 흐르다)
植(심을 식) ; 나무를 바르게 세우다(木=나무+直=바르게 하다)

葉(잎 엽)

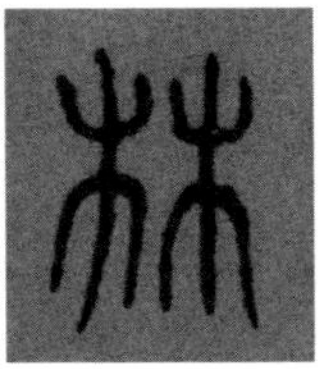
林(수풀 림)

朴(성 박) ; 제사장의 성씨(木=천지의 연결+卜=밝, 밝음)
李(성 이) ; 제사장의 성씨(木=천지의 연결+子=자손)

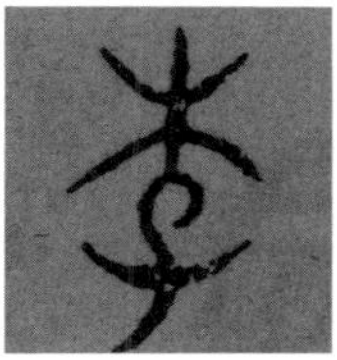

李(오얏 이)

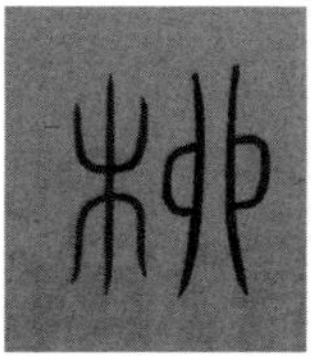

柳(버들 류)

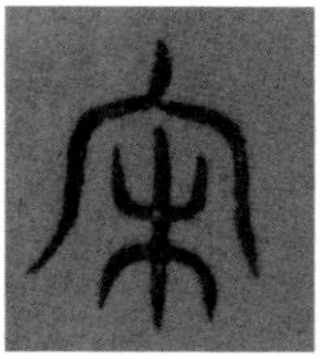

宋(송나라 송)

【관련한자②】

木→半

半(반 반) ; 통나무의 가운데를 가른 절반(木=나무+八=벌리다)
伴(짝 반) ; 통나무를 둘로 나눈 것과 같다(亻=닮았다+半=절반)
判(판가름할 판) ; 나누어 분별하다(半=절반+刂=나누다, 분별)
姅(경도 반) ; 잉태를 위해 자신을 나누다(女=여성+半=나누다)
拌(버릴 반) ; 절반을 쪼개다, 구분하다(扌=나누다+半=절반)
坢(편편할 반) ; 경작할만한 편편한 땅(土=땅+半=통나무의 절반)
泮(학교 반) ; (통나무로 판재를 만들듯) 쓸모 있게 기르는 곳
(氵=작용, 변화+半=판재)

046. 不(아닐 불) : 지금은 아니지만 언젠가는

不

(아닐 불)

【배경】

나무는 뿌리가 있어 자란다
뿌리가 있으면 나무는 자란다
아직 싹이 나진 않았지만 뿌리가 있다면
언젠가는 싹이 날 것이다

해의 영향으로 만물이 자란다
해는 만물의 뿌리다
해는 불이다, 불이 뿌리고 해다

【의미】

① (아직)아니다, 마라, 말라
② 불, 뿌리, 해, 본성
③ (해처럼) 둥글다

【관련한자】

不(아닐 불) ; 아직 싹을 내지 못한 뿌리(一=땅+小=뿌리)
丕(클 비) ; 땅 위에 우뚝 선 해(불)처럼 크다(不=해, 불+一=땅)
伾(힘셀 비) ; 해를 닮아 힘이 세다(亻=닮았다+丕=땅위의 해)
坏(언덕 배) ; 해처럼 둥글게 돋은 땅(土=땅+不=해, 둥글다)
否(아닐 부) ; 아직 본성을 드러내지 않았다(不=아직+口=성품)
抔(움킬 부) ; 손의 본성은 움켜쥐는 것(扌=손+不=본성)
怀(성낼 부) ; 부정적인 마음(忄=마음+不=본성, 아니다)
肧(아이 밸 배) ; 둥글게 불러온 배(肉=몸+不=해, 둥글다)
邳(클 비) ; 큰 언덕이라는 의미(丕=크다+阝=언덕)
杯(잔 배) ; 나무로 만든 둥근 그릇(木=나무+不=해, 둥글다)
盃(잔 배) ; 해처럼 둥근 모양의 그릇(不=해, 둥글다+皿=그릇)

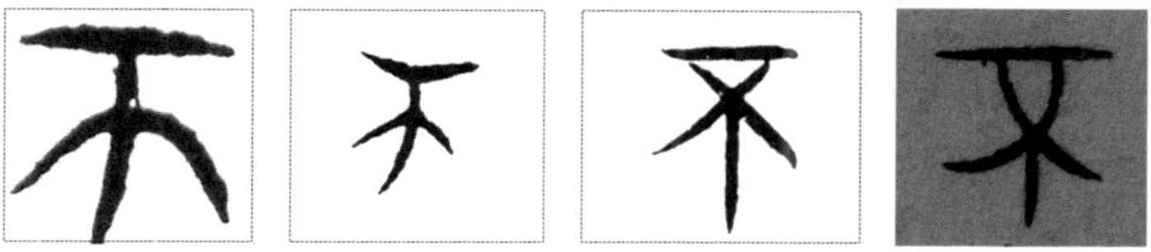

不(아닐 불)

* '不'은 '木(나무 목)'의 윗부분이 생략된 모습이다.
* '不'자의 '아니다'는 나무의 뿌리가 아직 땅위로 싹을 내지 못했다는 의미이며 언젠가는 싹이 나고 자랄 것이라는 희망을 내포한 글자다.
* 나무는 '뿌리'가 근본이므로 '불–뿔–뿌리–해–근본–바탕'의 의미를 나타내기도 한다.

047. 牛(소 우) : 하늘에 뿌리 둔 이치의 상징

牛

(소 우)

【배경】

소는 두 뿔이 있다
소의 뿔은 하늘을 향해 뻗은 뿌리다
뿌리는 뿔이며 불이고
불은 태양이고 하늘이다
소는 하늘이다

【의미】

① 소
② 하늘의 이치, 사물의 이치
③ 천지인의 상징

【관련한자】

件(사건 건) ; 사건마다 나름의 이유가 있다(亻=닮았다+牛=이치)
物(만물 물) ; 하늘의 이치를 따르는 만물(牛=이치+勿=흐르다)
牧(칠 목) ; 본성에 맞도록 이끌어 주다(牛=이치+攵=이끌다)
牝(암컷 빈) ; 음(여성)의 이치를 가지다(牛=이치+匕=칠성, 음)
牡(수컷 모) ; 양(陽, 남성)의 이치를 가지다(牛=이치+土=나오다)
牟(소우는 소리 모) ; 성품을 나타내는 울음소리(厶=천성+牛=소)
牢(우리 뢰) ; 가축을 기르는 우리(宀=공간, 시설+牛=소)
特(수컷 특) ; 천제 위해 선별된 수컷 소(牛=소+寺=절, 제사)

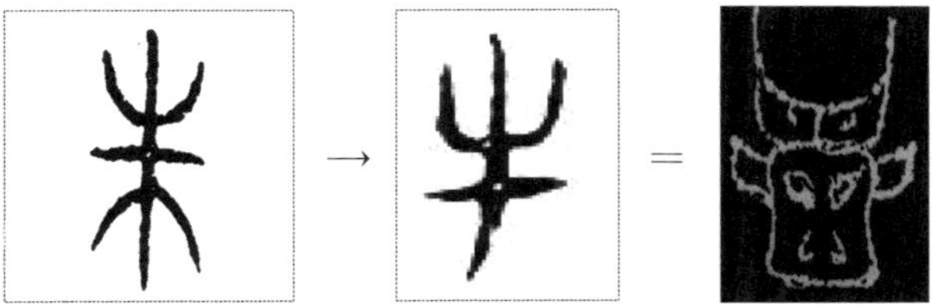

木(나무 목) 牛(소 우)

牛(소 우)자는 木(나무 목)의 윗부분이 강조된 모습과 동일하다
나무 가지나 소의 뿔은 하늘을 향하고 있다는 의미에서는 동일한 것이다

* 소는 하늘에 뿌리를 내린 하늘을 상징하는 동물로, 하늘의 이치, 사물의 이치를 나타낸다.

牛⇔午

午(말 오) ; 소에 상대되는 땅의 동물, 소(뿔 있음)↔말(뿔 없음))
仵(짝 오) ; (소의 짝 말) 말을 닮았다(亻=닮았다+午=말)
旿(밝을 오) ; 세상이 낮처럼 밝다는 의미(日=해+午=땅, 세상)

048. 心(마음 심) : 몸의 중심 마음(심장)

心

(마음 심)

【배경】

하늘에 해가 있다면
사람에게는 마음이 있다
해는 세상의 중심이고 마음은 사람의 중심이다
해와 마음은 같다
해와 마음이 중심이며 근본이다

【의미】

① 마음
② 중심, 가운데, 근본
③ 태양

【관련한자】

心(마음 심) ; 사람의 마음 사람의 중심
必(반드시 필) ; 마음은 반드시 작용이 있다(心=해+ノ=작용)
志(뜻 지) ; 뜻은 마음에서 나온다(士=나오다+心=마음)
忍(참을 인) ; 마음의 바탕은 참는 것(刃=뿌리, 근본+心=마음)
忘(잊을 망) ; 중심을 잃어버렸다(亡=잊다+心=마음, 중심)
性(성품 성) ; 성품은 마음에서 나온다(生=나오다+心=중심)
恒(항상 항) ; 해의 마음은 항상 같다(忄=마음+亘=해)
思(생각할 사) ; 생각은 마음과 머리의 작용(田=머리+心=마음)
恩(은혜 은) ; 은혜는 모든 일의 원인이다(因=원인+心=마음)
恕(용서할 서) ; 하늘의 마음으로 용서하다(如=우주+心=마음)
秘(숨길 비) ; 해의 작용은 은밀하다(禾=벼+必=해의 작용)
密(빽빽할 밀) ; 해로부터 생긴 많은 것(宀=공간+必=해+山=나다)

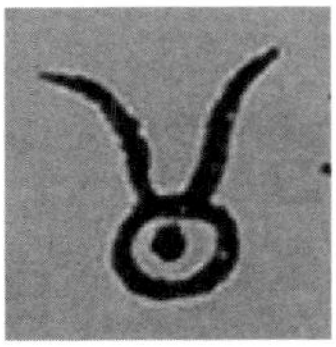
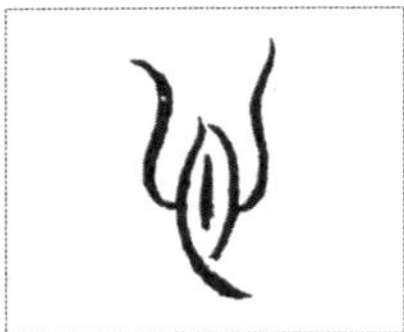

心(마음 심)의 옛 글자, 마음은 몸의 중심이며 본심본태양(本心本太陽)의 구절처럼 우주의 중심인 태양과 동격이다

* 옛 사람들은 하늘의 근본이 해라면 사람의 근본은 마음, 심장 (本心本太陽)이라고 생각했다.
* 피가 나왔다가 돌아가는 심장처럼 하늘이 그러하다고 여겼다.
* 마음을 하늘의 해와 근본이 같다고 생각해서 '心'자를 '해'의 의미로 쓰기도 한다.

049. 欠(하품 흠) : 흠을 채우러 내려오다

欠

(하품 흠)

【배경】

하품은 흠이다, 몸의 흠이다
흠을 채우러 하늘에서 내려온다(仌→欠)
세상의 흠을 채우러 하늘에서 내려온다
산소의 공급에 흠이 생겨서 나오는 것이 하품이다

【의미】

① 하품
② 흠, 결함
③ (하늘에서, 위에서) 내려오다

【관련한자】

欠(하품 흠) ; 부족을 채우기 위해 위에서 내려오는 하품
次(버금 차) ; 위에서 내려오는 순서의 두 번째(冫=두+欠 =오다)
旿(기뻐할 일) ; 해가 나와 기쁘다(日=해+欠 =오다)
欣(기뻐할 흔) ; 봉지를 받아 기쁘다(斤=봉지+欠 =오다)
欲(하고자 할 욕) ; 위 하늘에서 오는 마음(谷=오다+欠 =오다)
欽(공경할 흠) ; 하늘에서 온 것을 공경한다(金=해, 하늘+欠=오다)
軟(연할 연) ; 굳는데 결함이 있다, 부드럽다(車=차갑다+欠=결함)
欺(속일 기) ; 음의 속성을 띄고 온 것(其=음+欠 =오다)
歌(노래 가) ; 이어져 오고 또 오는 것(哥=오다+欠 =오다)

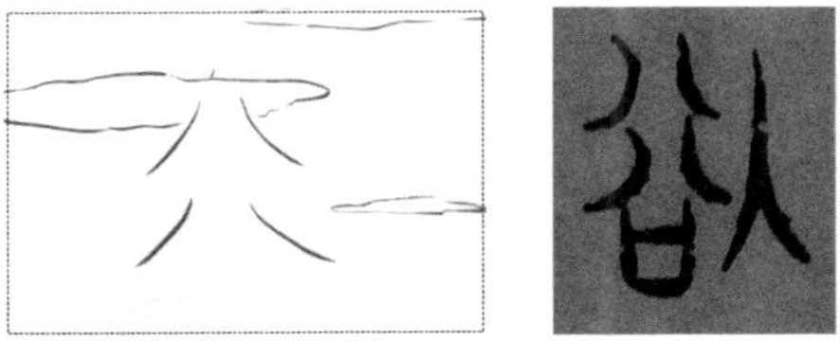

俗(풍속 속)

谷이 보이고 口의 위의 모습이 欠의 모습이다

* '欠'은 '仌'의 변형, '위에서 내려온다'는 의미

050. 耂(늙을 노) : 자손이 번창하다

耂

(늙을 로)

【배경】

나무 가지가 뻗어나듯
자손이 태어난다
후손은 연이어 태어나고 앞서 태어난 이는 먼저 늙어간다
젊은 사람과 노인이 생긴다
사람은 늙어간다

【의미】

① 늙다, 연로하다
② 나이가 많다
③ 선조

【관련한자】

耂(늙을 로) ; 자손이 무성하게 뻗어나다, 늙다
老(늙은이 노) ; 북두칠성이 가까운 어른(耂=연로+匕=칠성)
考(상고할 고) ; 윗대의 선조를 생각하다(耂=연로+丂=위)
孝(효도 효) ; 후손이 집안의 어른을 받들다(耂=연로+子=자식)
者(놈 자) ; 하늘에서 온 자손을 일컫는 말(耂=연로+白=해, 다이)
教(가르침 교) ; 하늘을 받들도록 가르치다(孝=효+攵=이끌다)

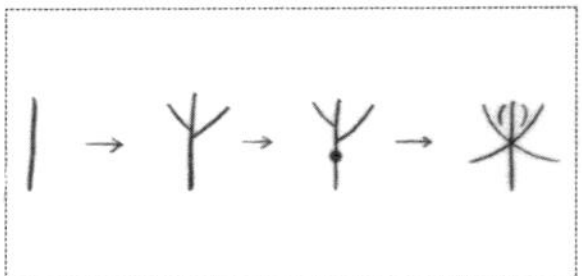

耂(늙을 로)의 탄생 과정

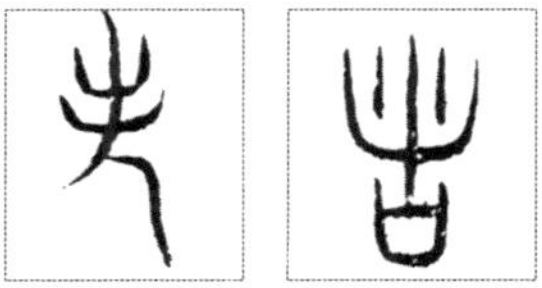

耂의 옛 글자

孝(효도 효)

* '耂'자는 나무에서 싹이 나고 가지가 뻗어 무성한 모양으로, 후손들이 많이 불어났다는 뜻이다.
* 가지가 무성하다는 말은 자손이 번성했다는 의미이며 이는 상대적으로 앞 세대의 연로함을 의미한다.

051. 火(불 화) : 위 하늘 향해 타오르는 불

火

(불 화)

【배경】

불은 태운다, 많은 것을 태운다
불에 타면 재로 변한다
재가 된 것은 본래의 상태로 돌아간 것이다
뿌리로 돌아간 것이다

【의미】

① 불, 타다
② 변화시키다, 근본으로 돌려보내다, 환원하다
③ 밝다

【관련한자】

火(불 화) ; 불이 뿌리인 해를 향해 타오르는 모양
光(빛 광) ; 빛은 불의 작용(火=불+儿=작용)
伙(세간 화) ; 불이 피어나듯 불어나는 세간(亻=닮았다+火=불)
灼(사를 작) ; 불로 태운다는 의미(火=불+勺=담다)
災(재앙 재) ; 하늘에서 불이 내려오다(巛=내려오다+火=불)
炎(불탈 염) ; 불이 맹렬하게 타오르다(火=불+火=불)
秋(가을 추) ; 곡식을 거두어 뿌리를 얻다(禾=벼, 곡식+火=타다)
炅(빛날 경) ; 불이 해처럼 빛나다(日=해+火=불)
耿(빛날 경) ; 별빛 불빛이 빛나다(耳=북두칠성+火=불)

灸(뜸 구) ; 오래 태우는 불(久=오래+火=불)
烹(삶을 팽) ; 제사 위해 고기를 삶아 익힌다(亨=제사+灬=火,불)
然(그러할 연) ; 고기를 태우면 연기가 난다(肰=개고기+灬=불)
爲(할 위) ; 하늘(해)이 '한다'는 의미(爫=하늘+灬=작용)

火(불 화)의 옛 글자

* '火'자는 타오르는 불꽃의 모양이다.
* 불은 모든 물건을 태운다. 물건이 불에 '타면' 모두 재가 된다. 재는 근본으로 돌아간 흔적이다.
* 버스나 기차를 '타는' 것도 어딘가 목적지에 도달하기 위한 방편이다. 타는 것은 목적, 목표의 도달, 성취를 의미한다.

052. 伍(다섯 오) : 하늘에서 오다

五

(다섯 오)

【배경】

하나 하늘이고
둘 하늘과 땅이고
셋 하늘과 땅과 만물이며
넷 하늘과 땅과 만물과 사람이며
다섯 하늘과 땅과 만물과 사람과 나다

다섯은 나다
우주의 중심인 나다
나는 깨달음의 주체이며 우주의 중심이다

【의미】

1) 다섯
2) 나
3) 본성
4) 오다(하늘에서)

【관련한자】

五(다섯 오) ; 다섯 번째로 위 하늘에서 온 나
伍(대오 오) ; 오는 것을 닮은 대열(亻=닮았다+五=다섯, 오다)

吾(나 오) ; 다섯 번째인 나(五=다섯 번째+口=우주적 존재)
悟(깨달을 오) ; 깨달음의 주체는 나 자신(忄=마음+吾=나)
俉(맞이할 오) ; 내가 온 것과 닮았다(亻=닮았다+吾=나, 오다)
晤(밝을 오) ; 해가 와서 밝다는 의미(日=해+吾=나, 오다)
牾(만날 오) ; 세상에 와서 만나다(午=말, 짝+吾=나, 오다)
捂(닿을 오) ; 손이 와서 닿았다는 의미(扌=손+吾=나, 오다)

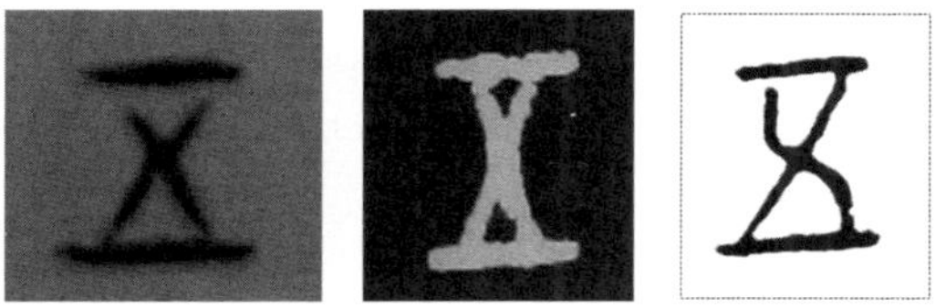

五(다섯 오)의 옛 글자

* '五'는 '二+乂'로, 이는 '하늘과 땅을 연결한다'는 의미다.
* 숫자 다섯은 '하늘에서 온 나'의 상징으로, 나는 하늘에서 '왔다'는 의미에서 '오'라고 발음한다.
* '吾(나 오)'를 이용해서 깨달음을 나타내는 것은 그 때문이다.

053. 田(밭 전) : 세상은 하늘의 일터, 밭

田

(밭 전)

【배경】

봄이 되면 농부 밭을 갈고 씨 뿌린다
농부가 뿌린 씨 키우는 건 하늘이다
밭은 하늘의 일터

세상은 하늘이 일하는 일터
세상이 밭이다.
농부는 하늘을 대신해서 일하는 일꾼이다
머리는 하늘의 일터다

【의미】

① 밭, 경작지
② 하늘의 일터(밭), 세상
③ 머리

【관련한자】

田(밭 전) ; 밭, 해가 일하는 일터, 세상, 머리
男(사내 남) ; 세상에 일하러 온 하늘 자손(田=일터+力=손, 자손)
思(생각할 사) ; 머리 마음의 상호작용이 생각(田=머리+心=마음)
界(지경 계) ; 하나의 작용이 미치는 영역(田=밭+介=끼어 있다)
苗(모 묘) ; 밭에서 나는 싹(田=밭+艹=풀, 싹, 나다)
里(마을 리) ; 나라 고을 마을로 지나다(田=세상+土=흙, 나오다)
野(들 야) ; 마을에서 밖으로 더 나간 지역(里=마을+予=나가다)

由(말미암을 유) ; 하늘이 옴으로 말미암아 (丶=하늘+田=일터)
油(기름 유) ; 무언가의 원인이 되는 액체(氵=작용+由=원인)

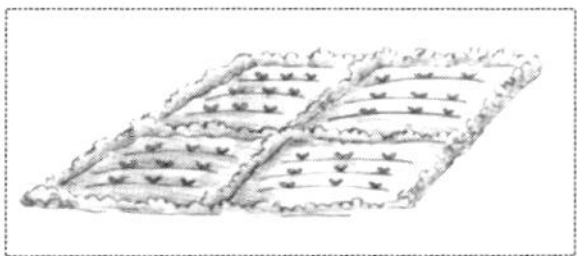

田(밭 전) 苗(모 묘)

* '田'자는 경작을 위한 밭의 모양이다.
* '밭'은 '볕'이 작용하는 공간, 해가 일하는 일터다.
* '머리', '세상'은 하늘이 일하는 '하늘의 일터'

054. 母(어미 모) : 싹을 낸, 자식을 낳은 여자

母

(어미 모)

【배경】

여성은 가정과 혈연의 중심(中)
여자가 중심이다(女=中)
여성 가운데 자녀를 낳은 여성 어머니
자식, 새끼, 싹을 낸 이가 어머니다.

【의미】

① 여성, 어미, 암컷, 모성
② 중심
③ 싹
④ 음(陰)

【관련한자】

母(어미 모) ; 싹을 낸 여인, 자식을 낳은 여자(女=여자+丶=싹)
每(매양 매) ; 늘 한결같은 하늘의 짝 땅(=이어짐+母=음, 땅)
毒(기를 독) ; 기르는 것은 음(어미)의 속성(生=나오다+母=어미)
毒(독 독) ; 음적인 속성을 가진 것(生=나오다+母=어미, 여성, 음)
海(바다 해) ; 하늘의 해 같은 땅의 물(氵=물, 작용+母=어미)

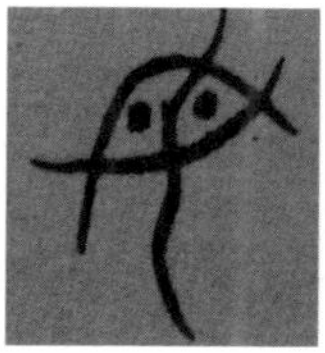
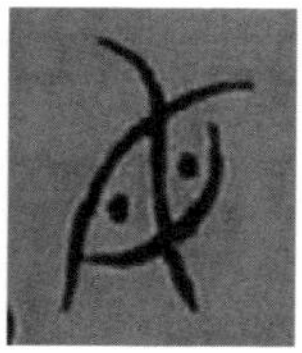
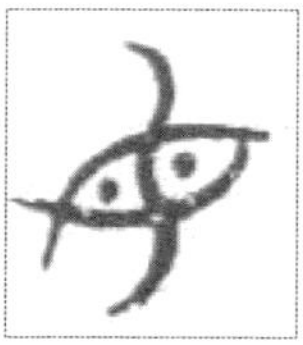

母(어미 모)의 다양한 모습

敏(재빠를 민)

* 여자 중에서 싹(모, 새끼, 자식)을 낸 여자가 어머니다.
* 여자는 아버지(하늘, 해)의 상대로써, 땅, 음

055. 目(눈 목) : 세상과 두뇌를 연결하는 눈

目

(눈 목)

【배경】

눈으로 세상을 본다
눈은 세상에 대한 정보를 뇌에 전달한다
눈은 몸 밖의 세상과 내면의 정신을 연결한다

신하는 임금을 대신해서 백성을 보살피는 눈

【의미】

① 눈, 보다
② 연결, 하나가 되게 하다
③ 보살피다, 신하(임금을 대신해서 백성을 보살피는 눈)

【관련한자】

目(눈 목) ; 눈, 바깥과 내면을 연결하는 눈
見(보일 견) ; 보는 것은 눈의 작용이다(目=눈+儿=작용)
現(나타날 현) ; 하늘이 모습을 드러내다(玉=하늘+見=보이다)
視(볼 시) ; 하늘의 빛으로 보다(示=하늘, 빛+見=보다)
盲(소경 맹) ; 눈을 잃다(亡=잃다+目=눈)
相(서로 상) ; 임금 대신 백성을 보살피는 관리(木=씨족+目=눈)
眼(눈 안) ; 해처럼 둥근 모양의 눈(目=눈+艮=해가 가다)
臣(신하 신) ; 신하는 임금 대신 백성을 보살피는 눈(目 ⇨ 눈)
臥(엎드릴 와) ; 죄인의 눈에 형벌을 가하다(臣=눈+人=찌르다)

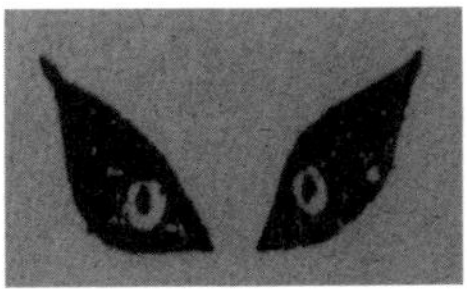

瞿(볼 구)의 옛글자

監(볼 감)

相(서로 상)

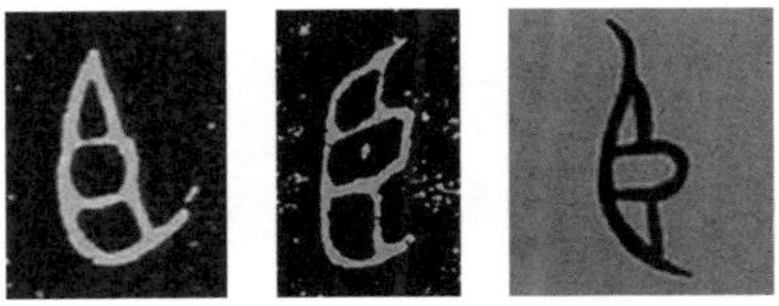

臣(신하 신)

* '目'자는 눈의 모양을 이용해서 만들었다.
* 보는 것은 아는 것, 아는 것은 보살피는 것, 보살피는 것은 하늘을 대신해서 보호하는 것이다.
* '監(볼 감)'은 눈에 벌을 가하는 모양이며, 감독, 대감 등의 쓰임이 있다.

056. 皿(그릇 명) : 음식을 드러내는 그릇

皿

(그릇 명)

【배경】

그릇에 담는다
음식을 담는다
정갈한 음식을 그릇에 담아내어 놓는다
그릇은 음식이 돋보이게(드러나게) 한다

【의미】

① 그릇
② 제기

【관련한자】

皿(그릇 명) ; 그릇은 담은 내용을 빛나게 드러낸다
血(피 혈) ; 피부를 타고 흐르는 피(丿=작용, 흐르다+皿=그릇)
侐(고요할 혁) ; 피처럼 조용히 흐르다(亻=닮았다+皿=그릇)
𥁕(그릇 기) ; 음식을 담는 둥근 모양의 그릇(卜=해+皿=그릇)
盂(바리 우) ; 해처럼 둥근 모양의 그릇(于=해+皿=그릇)
盂(쟁반 간) ; 해를 닮은 둥근 그릇(干=해가 오다+皿=그릇)
盃(잔 배) ; 해처럼 둥근 모양의 술잔(不=해, 불+皿=그릇)
盈(찰 영) ; 담고 또 담아서 그릇이 넘치다 (乃=오다+皿=그릇)
盋(사발 발) ; 해처럼 둥근 모양의 그릇(犮=개의 발, 해+皿=그릇)
益(더할 익) ; 넘치도록 담고 또 담다(八=내려오다+皿=그릇)
盟(맹세할 맹) ; 하늘의 권위를 빌어 언약하다(不=해, 달+皿=그릇)
盡(다할 진) ; 세상에서의 일을 다하다(⺻=하늘이 오다+皿=그릇)

皿(그릇 명)

盂(바리 우)

蓋(덮을 개)

蓋(덮을 개)

* '皿'자는 굽이 있는 그릇, 제사에 쓰이는 제기(祭器)의 모양

057. 矢(화살 시) : 활의 살, 해의 살(햇살)

矢

(화살 시)

【배경】

화살은 활의 살
햇살, 해의 살이듯 화살은 활의 살이다
활과 화살은 해와 햇살의 상징이다
해와 햇살은 마음과 몸의 상징이다
활과 화살은 마음과 몸의 상징이다

【의미】

① 활의 살, 화살
② 해의 살, 햇살
③ 살(몸), 살붙이
④ 순서, 차례, 나아가다, 이르다

【관련한자】

矢(화살 시) ; 화살, 활의 살, 햇살, 살(몸)
失(잃을 실) ; 이미 지나쳐버렸다(矢=화살(이르다)+丶=나아가다)
知(알 지) ; 알에 이르는 것이 '아는 것'(矢=이르다+口=알)
智(슬기 지) ; 알이 해라는 것을 아는 것이 지혜(知=알다+日=해)

疾(병 질) ; 몸이 불완전하다(疒=불완전하다+矢=화살, 살, 몸)
族(겨레 족) ; 같이 천제 드리는 살붙이(㫃=천제+矢=살붙이)
侯(제후 후) ; 임금과 제후는 해와 햇살(亻=닮다+矢=화살, 햇살)
至(이를 지) ; 햇살이 땅에 도달했다(矢=화살(햇살)+一=땅)
室(집 실) ; 해의 살(사람)이 머무르는 집(宀=집+至=이르다)
屋(집 옥) ; 북두칠성처럼 보호하는 집(尸=칠성+至=살, 살다)
致(보낼 치) ; ~에 이르게 하다(至=이르다+夂=~하게 하다)

身(몸 신) ; 몸은 마음을 담은 그릇(弓=활, 마음+矢=화살, 몸)
射(궁술사) ; 활에 화살을 재서 당기다(身=활 화살+寸=당기다)

矢(화살 시)

射(궁술사)

金(성 김)

無(없을 무)

侯(제후 후)

* '矢'는 화살 모양이다.
* '활과 화살과 화살촉'은 '해와 햇살과 기운', '마음과 몸과 옷', '임금 제후 병사' 등 '하늘과 땅과 만물'의 관계 즉 '천지인'의 관계에 있는 대상을 상징하여 나타낸다.

058. 用(쓸 용) : 물길을 막아 물을 가두다

用

(쓸 용)

【배경】

물이 흐른다
개울에 물이 흐른다
쓰기 위해 흐르는 물을 담아 놓는다
개울을 막아 물을 가둬놓고 쓴다
쓸 물을 담아 놓은 큰 그릇이다

【의미】

① 쓰다
② 담아놓다
③ 그릇

【관련한자】

用(쓸 용) ; 물길을 막아 물을 담아놓고 쓰다
甬(길 용) ; 물이 흐르는 길(マ=가다, 흐르다+用=물길)
通(통할 통) ; 물이 흐르듯 흘러가다(辶=가다+甬=길, 흐름)
勇(날쌜 용) ; 힘이 왕성하게 솟아 흐르다(甬=길+力=힘)
痛(아플 통) ; 소통이 잘 안되어 아프다(疒=불완전+甬=길, 흐름)
踊(뛸 용) ; 물이 솟듯 발이 뛰어오르다(足=발+甬=길)
周(두루 주) ; 공동 우물을 중심으로 두루(用=우물+口=중심)
우물이 마을의 중심이라는 의미

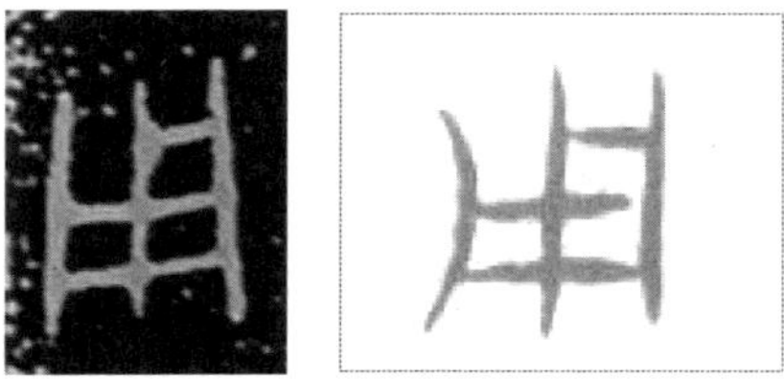

用(쓸 용)

흐르는 개울을 막아 쓸 물을 저장해 놓은 모습이다

059. 禾(벼 화) : 벼는 해가 기르는 해의 자식

禾

(벼 화)

【배경】

벼는 해가 기른다
해가 기르는 벼는 해의 자식이다
북두칠성 해의 자식이듯
벼는 해의 자식이다
북두칠성 두 번째 해이듯 벼 두 번째 해다

【의미】

① 벼
② 해, 햇볕, 볕, 해의 자식, 두 번째 해
③ (해의 진행하는) 과정
④ (해의) 대리인

【관련한자】

禾(벼 화) ; 해가 기르는 벼, 곡식
私(사사 사) ; 타고난 사사로운(고유한) 성질(禾=해+厶=내려오다)
移(옮길 이) ; 해가 걷는 것처럼 옮겨 가다(禾=해+多=걷다)
秉(잡을 병) ; 볏단을 손으로 잡다(禾=벼, 해+又=손)
科(과정 과) ; 해에서 벼로, 칠성으로 변화 과정(禾=해+斗=칠성)
年(해 년) ; 벼농사를 한번 짓는 1년(禾=해, 벼+夕=움직임)

秒(초 초) ; 해(시간)를 작게 나눈 초(禾=해+小=작다)
租(구실 조) ; 농사의 근거와 관련된 조세(禾=벼, 농사+且=뿌리)
秘(숨길 비) ; 해는 벼를 은밀히 기른다(禾=벼+必=반드시)
秩(차례 질) ; 해→벼처럼 진행하는 순서(禾=해, 벼+失=나가다)
稅(구실 세) ; 농사를 구실로 올리는 것(禾=벼, 농사+兌=올리다)
種(씨 종) ; 곡식에서는 씨가 중요하다(禾=벼, 곡식+重=중요)
香(향기 향) ; 곡식(禾)의 깊은 속에서 나는 향기(禾=벼+日=해)

禾(벼 화) 年(해 년)

* '禾'자는 익어서 고개 숙인 곡식의 모양이다.
* 1년에 한 번 농사를 지으니 곡식을 한번 거두면 한 해로 셈하게 된다.
* 곡식은 본래 하늘이 키우므로, 벼를 해의 자식으로 여긴다.

060. 且(또 차) : 비우고 비워도 또 차다

且

(또 차)

【배경】

씨는 세대를 이어 전해진다
생식기관을 통해 전해진다
생식기는 하늘의 씨를 전해주는 기관이다
생식기는 나의 뿌리다
생식기는 쓰고 써도 또 찬다

【의미】

① 또(반복의 의미), 거듭
② 남자의 성기
③ 뿌리, 조상
④ 차오르다

【관련한자】

且(또 차) ; 또 차오른다, 거듭 차오른다, 남자의 생식기
祖(조상 조) ; 하늘에 오른 핏줄의 뿌리 조상(示=하늘+且=뿌리)
査(조사할 사) ; 뿌리를 캐다, 원인을 파악하다(木=연결+且=뿌리)
宜(마땅할 의) ; 뿌리는 덮어 모심이 마땅하다(宀=덮다+且=뿌리)
租(조세 조) ; 농사의 뿌리와 관계된 조세(禾=벼(농사)+且=뿌리)
粗(거칠 조) ; 가공하지 않은 원래의 곡식(米=쌀(곡식)+且=뿌리)
組(끈 조) ; 근원과 연결해주는 실(糸=실, 연결+且=뿌리)
鉏(호미 서) ; 철제 도구의 뿌리와 같은 호미(金=철제+且=뿌리)
詛(저주할 저) ; 뿌리가 있다, 뒤끝이 있는 말(言=말+且=뿌리)

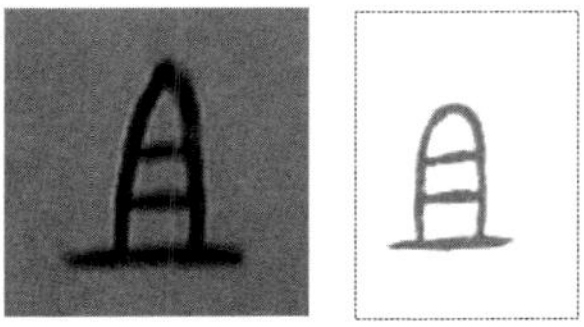

且(또 차)

祖(조상 조)

* '且'자는 남성 생식기의 모양이다. 남성의 생식기를 이용해서 '또', '거듭'의 의미로 쓴다.

061. 罒(그물 망) : 생명을 옥죄는 그물

罒

(그물 망)

【배경】

그물은 덮어씌운다
자유를 억압한다
생명을 노린다
덮어 씌워 망하게 한다

【의미】

① 그물
② 위험
③ 덮어씌우다, 사로잡다

【관련한자】

罒(그물 망) ; 그물은 덮어 씌워 사로잡는 도구

罔(그물 망) ; 그물에 잡히면 망한다(网=그물+亡=없애다)

罪(허물 죄) ; 잘못된 것을 담고 있다(罒=그물+非=아니다)

置(둘 치) ; 곧고 바르게 유지하다(罒=그물+直=정직하다)

罰(죄 벌) ; 말, 판단으로 벌어들인 죄(罒=그물+言=말+刂=가르다)

署(관청 서) ; 그물처럼 조직화된 관청(罒=그물+者=사람)

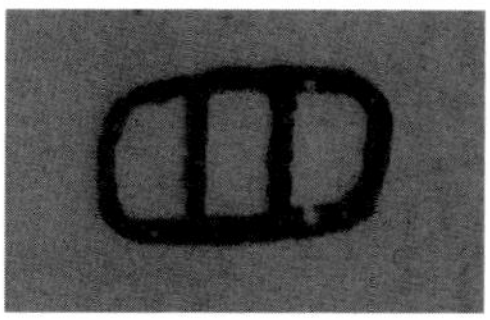

罓(그물 망)

罰(죄 벌)

* '罒'자는 생명을 옥죄는 그물. 그물은 생명을 위협한다.
* '罒'자는 생명을 위협하는 조건이나 현상을 의미한다.
* '罓', '⺳', '网'등과 같이 쓴다.

062. 乍(잠깐 사) : 하늘의 작용은 잠깐이다

乍

(잠깐 사)

【배경】

하늘의 작용은 잠깐이다
해의 작용은 잠깐이다
세상에서의 시간은 잠깐이다
그러나 단계가 있다, 순서가 있다

【의미】

① 잠깐
② 짓다, 작용하다, 만들다
③ 단계, 구분, 지나가다

【관련한자】

乍(잠깐 사) ; 하늘의 작용은 잠깐이다(ノ=작용+⺕=단계)
作(지을 작) ; 하늘처럼 하다(亻=닮았다+乍=하늘의 작용)
昨(어제 작) ; 이미 지나간 날(日=해, 날+乍=잠깐, 지나감)
怍(부끄러워할 작) ; 잠깐 스치는 마음의 상태(忄=마음+乍=잠깐)
炸(터질 작) ; 불이 작열하다(火=불+乍=잠깐, 지나가다)
段(구분 단) ; 하늘 작용에 단계가 있다(乍=하늘 작용+殳=잡다)

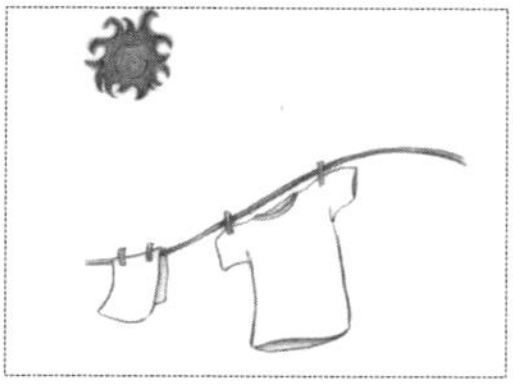

햇빛은 잠깐 사이에
빨래를 말린다

作(지을 작)의 옛 글자
乍(잠깐 사)의 모습이 보인다

* 해가 빨래를 말리는 것은 잠깐이다.
* 잠깐 동안에 세상에서는 온갖 일이 일어난다.
* 하늘의 조화로 땅에서는 온갖 만물이 생겨난다.

063. 乎(온 호) : 하늘이 땅에 내려오다

乎

(어조사 호, 온 호)

【배경】

하늘이 온다
세상으로 내려온다
하늘이, 해가 온다
온 하늘(해)이다

【의미】

① 오다
② 어조사 호
③ 하늘에서 내려오다

【관련한자】

乎(온 호) ; 하늘이 세상에 오다(示=해+亐=내려오다)
呼(부를 호) ; 하늘이 오도록 부르다(口=입+乎=내려오다)

平(평평할 평) ; 해는 공평하게 비친다(示=해+亐=내려오다)
評(평할 평) ; 공평한 말(言=말+平=평등, 기울지 않은)
怦(조급할 평) ; 고르게 하려는 마음(忄=마음+平=공평)
抨(탄핵할 평) ; 공평하게 하려 손대다((扌=손+平=공평)

해가 대지를
공평하게 비치다

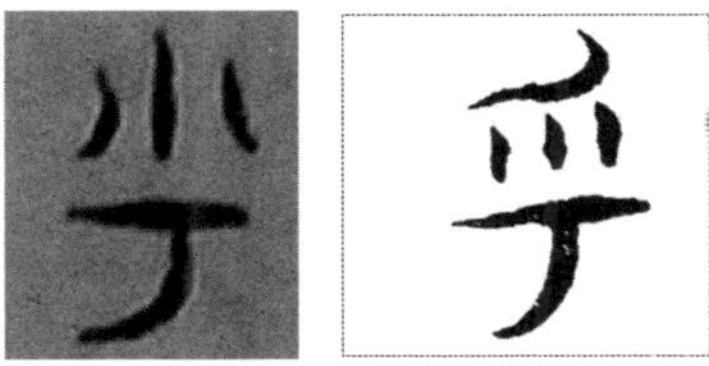

乎(어조사 호)
위에서 아래로 내려온다는 의미

* '乎=示' 즉 '위에서 내려오다', '위가 뿌리'라는 의미
* '위'는 '하늘(해)'이므로 '위에서 오다'는 '하늘(해)에서 온다'는 의미

064. 羊(양 양) : 하늘 해 같은 양

羊

(양 양)

【배경】

두 뿔이 있는 양
두 뿔이 하늘 향한 양은
하늘의 상징, 해의 상징, 태양의 상징

태양과 같은 종족
문명을 창조한 태양족
양은 태양족의 토템(상징)

【의미】

① 양
② 태양, 해, 불, 뿌리, 하늘
③ 태양족(토템)
④ 선량하다, 상서롭다

【관련한자】

羊(양 양) ; 하늘 향해 두 뿔 솟은 양, 태양의 상징
岡(북두칠성 강) ; 칠성은 어둠 속 태양(羊=양+冂=덮이다)
佯(거짓 양) ; 양을 닮은 체 하다(亻=닮았지만 아니다+羊=양)
洋(바다 양) ; 해와 같이 뿌리가 되는 물, 바다(氵=물+羊=양(해))
姜(성 강) ; 태양족 여인이 낳은 자식의 성(羊=양+女=여성)
美(아름다울 미) ; 하늘 사람은 아름답다(羊=양+大=사람)
義(옳을 의) ; 의로움은 해(하늘)와 하나 됨(羊=양, 해+我=나, 우리)
善(착할 선) ; 하나 됨에 관한 말은 착하다 (羊=양, 하나 됨+言=말)
祥(상서로울 상) ; 하늘에 속하다(示=하늘+羊=양, 해)
群(무리 군) ; 무리지어 사는 양(君=임금, 지도자+羊=양)

양

羊(양 양)

羊(양 양)

* '羊'은 두 뿔이 특징으로, '뿔=하늘에 내린 뿌리'라는 의미에서 하늘(해)의 상징으로 쓴다. '양'은 양 중의 양 '태양'의 '양'이다.
* 태양족이 양을 토템(상징동물)으로 삼았다.

065. 聿(붓 율) : 하늘의 이치 드러내는 붓

聿

(붓 율)

【배경】

하늘이 세상에 내려오다(丨)
하늘을 손으로 잡다(丨+又)

붙잡아 하늘의 뜻을 나타내는 붓
붓은 하늘의 뜻을 쓰는(드러내는) 도구

【의미】

① 붓
② 붙들다
③ 중심, 하늘이 내려오다

【관련한자】

聿(붓 율) ; 하늘의 섭리를 드러내는 붓(丨=하늘, 섭리+㕚=손)
妻(아내 처) ; 집의 중심이 되는 여자(聿=세우다+女=중심)
律(법 율) ; 법은 하늘 이치의 적용(彳=적용+聿=하늘)
津(나루 진) ; 해(바다)가 땅과 만나는 곳(氵=물+聿=해가 나오다)
書(글 서) ; 하늘의 섭리를 나타낸 글(聿=하늘, 붙잡다+曰=뿌리)
晝(낮 주) ; 해가 떠 있는 동안(聿=하늘, 붙들다+旦=해가 뜨다)
畵(그림 화) ; 하늘의 형상을 나타낸 그림(聿=하늘+田=밭, 세상)
盡(다될 진) ; 와서 작용하고 돌아가다(聿=내려오다+灬+皿=제사)

建(세울 건) ; 작용하도록 바로 세우다(廴=작용+聿=서다)
健(튼튼할 건) ; 스스로 설 만큼 튼튼하다(亻=닮았다+建=세우다)
捷(이길 첩) ; 중심(=정의)을 잡았다는 의미
(扌=잡다+聿=하늘, 뿌리, 중심+疋=발, 걷다, 작용)

손에 붓을 잡은 모양

律(법 률)

* '聿'은 하늘의 상징(丨)을 손(㕚)으로 잡은 모양
* '붓'이나 '문자'는 모두 '하늘'의 섭리를 드러내는 도구

066. 而(말이을 이) : 하늘 해의 작용

而

(말 이을 이)

【배경】

세상 만물은 해의 영향으로 산다
해가 만물의 뿌리다
해가 지나가면 세상에는 많은 일들이 일어난다
해가 이어지듯 말이 이어지다

【의미】

① 말을 이어주는 말(接辭)
② 태양, 해의 작용

【관련한자】

而(말 이을 이) ; (말이 하늘에서 오듯) 하늘에서 연이어 오다
侕(많을 이) ; 해의 작용으로 많다(亻=닮았다+而=해, 태양)
耐(견딜 내) ; 해를 손으로 잡다, 견디다(而=해+寸=잡다, 대다)
洏(삶을 이) ; 해(불)의 작용으로 삶는다(氵=작용+而=해, 태양)
耑(시초 단) ; 해가 세상일의 시초다(山=나오다+而=해의 작용)
耎(가냘플 연) ; 해로부터 가냘프게 이어지다(而=해+大=천지인)
耍(희롱할 사) ; 작은 중심이 큰 중심을(女=여성, 중심+而=해)
烎(주눅들 난) ; 불이 해를 만나 위축하다(而=해+火=불)
婼(아첨할 이) ; 중심이 둘이다(女=여자, 중심+而=해, 중심)
胹(삶을 이) ; 해와 같이 되도록 익히다(月=고기+而=해, 태양)
輀(상여 차 이) ; 상여는 해로 가는 마차(車=수레+而=해, 태양)
鮞(곤이 이) ; 해처럼 둥근 물고기 알(魚=물고기+而=해)
鴯(제비 이) ; 해와 관계있는 새 불사조(而=해+鳥=새)
聏(화할 이) ; 해(양)와 칠성(음)이 만나다(耳=칠성+而=해)

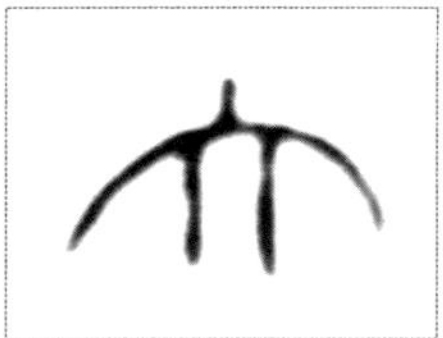

而(말 이을 이)의 옛 글자

* '而'는 위에서 내려와 여러 갈래로 나뉘어진 모양으로 하늘, 해, 해의 작용을 나타낸다.
* 하늘에서 계속 이어져 온다는 의미

067. 衣(옷 의) : 햇살의 기운 같은 세 번째 옷

衣

(옷 의)

【배경】

옷은 몸 위에 입는다
몸은 마음을 담는 그릇이다

'마음과 몸과 옷'은 '해와 햇살과 기운'의 관계다
'천지인'이다.
'천지인'의 관계에서 옷은 세 번째다

【의미】

① 옷
② 보호하다
③ (마음과 몸에 이어) 세 번째

【관련한자】

初(처음 초) ; 해가 어둠을 뚫고 나타난 처음(衤=옷+刀=가르다)
依(의지할 의) ; ‘살과 옷’처럼 서로 의지하다(亻=닮았다+衣=옷)
表(겉 표) ; 몸의 옷처럼 밖으로 나온 겉 쪽(衣=옷+土=나오다)
衫(적삼 삼) ; 세 번째 옷 적삼(衣=옷+彡=털, 세 번째)
哀(슬플 애) ; 옷 속에 애환을 담고 있다(衣=옷+口=슬픔)
裕(넉넉할 유) ; 고을을 품을 만큼 넉넉하다(衣=옷+谷=고을)
衵(속속곳 일) ; 마음에 가까운, 해 쪽의 옷(衣=옷+日=해, 마음)
裏(속 리) ; 한 마을을 담은 듯한 옷 속(衣=옷+里=마을)

衣(옷 의)

옷은 세 번째라는 의미를 나타내기 위해 세 개의 획으로 표시했다

哀(슬플 애)

옷 속에(품안에) 무언가를 품고있다

* ‘衣’는 세 개의 화살촉(∧)으로 이루어진 글자다.
* ‘마음과 몸과 옷’을 ‘해와 햇살과 기운’, ‘활과 화살과 화살촉’에 비유하여 화살촉으로 옷을 나타낸다.

068. 羽(깃 우) : 옷처럼 세 번째인 새의 깃

羽

(깃 우)

【배경】

옷은 세 번째
마음 몸에 이어 세 번째다

새의 깃도 세 번째
마음 하나, 몸 둘, 깃은 세 번째다
새의 깃은 짝이다

【의미】

① 깃
② 세 번째
③ 돕다

【관련한자】

羽(깃 우) ; '마음 몸 옷'처럼 깃은 날짐승의 세 번째, 옷
習(익힐 습) ; 해에게 다가가려 날갯짓하다(羽=날다+日=해)
翊(도울 익) ; 날이 서도록 도와주다(立=서다+羽=날다, 돕다)
翌(다음날 익) ; 날(날개, 해)이 서다(羽=새, 해+立=서다)
翼(날개 익) ; 두 날개(羽=날다+異=다르다, 둘)

羽(깃 우)의 옛 글자

* 짐승의 깃은 사람의 옷과 동일
* '마음⋯›몸⋯›옷', '마음⋯›몸⋯›깃'의 관계

069. 舟(배 주) : 하늘 해와 소통하는 잔(배)

舟

(배 주, 잔 주)

【배경】

바다에 배가 떠있다
술도가지에 술잔이 떠 있다

배는 술잔이다
술잔은 권위다, 하늘에 술잔을 올리는 건 권위다
권위는 하늘로부터 온다
하늘을 향한다

【의미】

① 배
② 술잔, 잔대
③ 권위, 권한

【관련한자】

舟(배 주) ; 앞을 향해 나아가는 배, 하늘 향한 배
前(앞 전) ; 배가 항해할 때 가는 앞쪽(止=발, 밝음, 해+舟=배)
朕(나 짐) ; 하늘 제사의 짐을 진 나(舟=잔+丨=하늘+廾=받들다)
航(배 항) ; 물결 따라 목적지로 가는 배(舟=배+亢=목, 물결)
船(배 선) ; 물결 위에 떠 있는 배(舟=배+几=물결+口=물결)

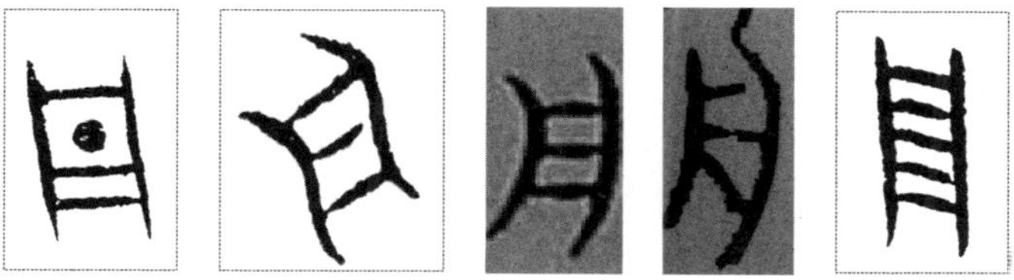

舟(배 주)의 여러 모양, '丨→ㅒ→舟'로 변하여 사다리가 된다
사다리는 위와 아래를 오르고 내리는 도구다

* 임금이 되면 종묘에 가서 하늘과 조상에게 고하며 제사를 드렸으므로 제사에서 술잔을 올리는 것을 임금의 권위로 여겼으며 술잔을 주고받는 것을 임금의 권위를 주고받는 것으로 여겼다.
* 임금의 상징(丨)이 변해서 술잔(杯)이 되고, 술잔이 변해서 배(舟)가 되었다. '舟'자는 원래는 술잔의 모양이다.
* 술 단지에 떠있는 술잔이 바다에 떠 있는 배와 같다고 여겨 잔과 배를 같이 쓴다.

070. 缶(질그릇 부) : 흙으로 빚은 질그릇

缶

(질그릇 부)

【배경】

흙은 땅
땅은 하늘을 담은 그릇
하늘이 첫 번째, 흙은 두 번째다

흙으로 그릇을 빚는다
흙으로 빚는 질그릇은 흙에서 나온 것

【의미】

① 흙으로 만든 용기, 질그릇
② 흙에서 나왔다

【관련한자】

缶(장군 부) ; 흙으로 빚어 만든 질그릇(午=땅, 흙+山=나오다)
焦(삶을 부) ; 질그릇에 담아 불로 삶다(缶=토기+灬=불)
缺(이지러질 결) ; 그릇의 한쪽이 일그러졌다(缶=토기+夬=결함)
鉢(바리때 발) ; 도자기로 만든 둥근 밥그릇(缶=토기+本=둥글다)

* '缶'자의 '午'는 하늘의 짝인 땅을 나타내고 '山'은 나왔다(出)는 뜻을 나타낸다.
* '缶'자는 '땅에서 나왔다', '흙으로 빚었다'라는 의미다.
* 옛 책에는 '장군 부'라 하였지만 '缶'자는 '질그릇'이 그 특성에 맞으므로 여기서는 '질그릇 부'라 한다.

071. 米(쌀 미) : 해가 기른 해의 살 같은 쌀

米

(쌀 미)

【배경】

해가 키운 벼
벼에서 얻은 쌀,
쌀은 해의 살이다(살=쌀)
해살이다, 햇살이다

【의미】

① 쌀
② 햇살, 해의 살, 살
③ 해
④ 양

【관련한자】

米(쌀 미) ; 해가 기른 벼에서 얻은 쌀, 해의 살
侎(어루만질 미) ; 햇살이 어루만지다(亻=닮다+米=해의 살)
咪(양 울 미) ; 양이 울다(口=입, 울다+米=살, 해, 양)
冞(점점 미) ; 햇살을 덮어 점점 어둡다(冖=덮다+米=햇살)
迷(미혹할 미) ; 살 속을 거닐다(辶=걷다+米=살, 해의 살)
謎(수수께끼 미) ; 미혹하는 말들(言=말+迷=미혹)

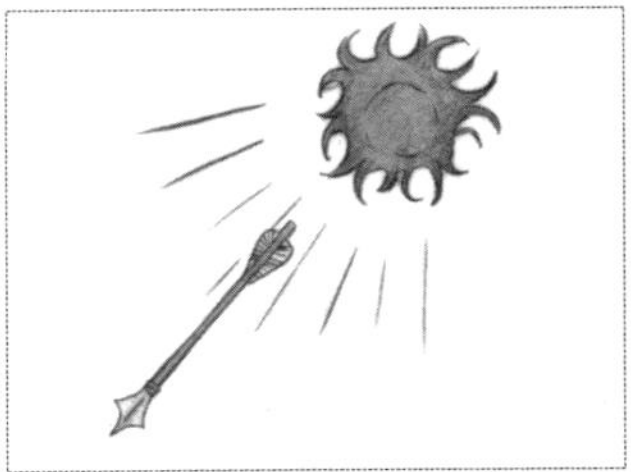

* 벼는 해가 기른다.
* 해가 기른 벼는 해의 살과 같다.
* 벼에서 얻는 쌀은 해의 살이며, 햇살이며 화살이다.
* 해를 중심에 두면 양(羊, 태양의 상징)과 살(米, 해의 살)이 서로 소통한다.

072. 冎(뼈 발라낼 과) : 살 발라낸 앙상한 뼈

冎

(뼈 발라낼 과)

【배경】

뼈와 살은 함께 있어야 온전하다
뼈에 살이 없다면, 살에 뼈가 없다면
그건 올바르지 않다
어긋난 것이다(不正)

【의미】

① 어긋나다
② 다르다
③ 뼈를 바르다

【관련한자】

咼(입 비뚤어질 괘) ; 아귀가 맞지 않다(冎=어긋나다+口=입)
過(지날 과) ; 더 가거나 덜 갔다(咼=어긋나다+辶=가다)
渦(소용돌이 와) ; 다르게 흐르는 물(咼=다르다+氵=물, 흐름)
媧(사람 이름 왜) ; 일반 여자와 다른 여자(咼=다르다+女=여자)
剮(바를 과) ; 칼로 뼈를 발라내다(咼=다르다+刂=가르다)
堝(도가니 과) ; 흙으로 만든 쇳물 담는 용기(土=흙+咼=다르다)
禍(재화 화) ; 하늘에서 어긋나게 오다(示=하늘 오다+咼=다르다)
蝸(달팽이 와) ; 일반 곤충과는 다른 곤충(虫=벌레+咼=다르다)

咼 → 骨

骨(뼈 골) ; 살이 아닌 것이 뼈(冎=다르다+肉=살, 고기)
體(몸 체) ; 뼈와 넉넉한 살로 된 몸(骨=뼈+豊=넉넉한 살)
猾(교활할 활) ; 바탕이 짐승 같은(犭=짐승+骨=근본, 바탕)

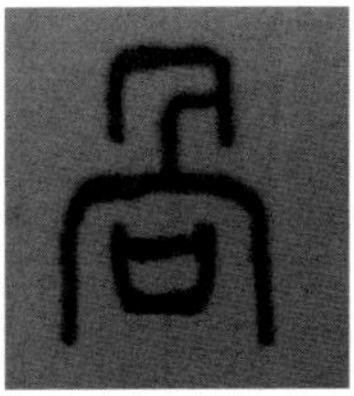

* '冎'자는 '歺(부서진 뼈 알)'과 같은 모양이다.
* 뼈는 살과 기운이 조화롭게 어울려야 하는데 '살과 기운이 없고 뼈만 있다'는 의미에서 '어긋나다', '바르지 않다' 등의 의미로 쓰인다. 뼈에서 살을 발라냈으므로 '온전하지 않다'는 의미다.

073. 言(말씀 언) : 마음(=하늘)에서 오는 말

言

(말씀 언)

【배경】

말은 보이지는 않으나 분명히 있다
보이지는 않지만 분명히 들린다
들리는 것은 있는 것이다

보이지는 않지만 어디선가 온다
하늘에서부터 온다
귀에 들린다, 귀로 들어간다

【의미】

① 말
② 글, 글씨
③ 말과 관련된 동작
④ 떨어져 나오다

【관련한자】

言(말씀 언) ; 위 하늘에서 오는 소리
音(소리 음) ; 말은 소리, 소리는 우주의 속성(言=말+丶=하늘)
信(믿을 신) ; 보이지 않으나 실재하는 믿음(亻=닮았다+言=말)
記(기록할 기) ; 말이 몸을 가진 것이 기록(言=말+己=몸)
訓(가르칠 훈) ; '하늘에 속한 말'로 가르치다(言=말+川=하늘)
許(허락할 허) ; 청하는 것에 짝하는 말(言=말+午=짝)
語(말씀 어) ; 말은 하늘에서 온다(言=말+吾=오다)
訟(송사할 송) ; 공적인 말에 의지하다(言=말+公=공적인)
詩(시 시) ; 절에 있는 사람들이 해를 예찬하는 말(言=말+寺=절)
話(말할 화) ; 혀를 움직여 말하다(言=말+舌=혀)
詐(속일 사) ; 속이는 말은 오래가지 못한다(乍=잠깐+言=말)
評(평할 평) ; 수준이 어떠한지를 말하다(言=말+平=평평하다)

音(소리 음)의 옛 글자

* 소리, 말은 위 하늘에서 오는 것으로 여김. 그래서 말은 진실되고 올바른 것이어야 함.

074. 足(발 족) : 뿌리가 있으면 족하다

足

(발 족)

【배경】

발은 몸의 뿌리
발이 서있는 곳이 중심이며
우주의 중심은 태양이므로
태양을 향한 뿌리가 있으면 족하다

'발'은 '밝음'이다
'밝음'은 '불'이며 '불'은 '뿔', '뿌리'와 같고
밝음의 뿌리는 '태양'이다.

【의미】

① 발
② 뿌리, 중심, 밝음, 불, 해
③ 족하다

【관련한자①】

足(발 족) ; 발(밝, 불, 뿔, 뿌리, 해, 하늘)이 있으면 족하다
正(바를 정) ; 발이 밝음을 향하는 것은 옳다(丶=하늘, 해+⻊=발)
政(정사 정) ; 바르게 이끌어 주다(正=바르다+攵=이끌어주다)
征(칠 정) ; 바르게 하도록 하다(彳=작용+正=바르다)
証(간할 정, 증거 증) ; 올바른 말(言=말+正=바르다)

促(재촉할 촉) ; 빠르게 걷는 발을 닮다(亻=닮다+足=발)
跆(밟을 태) ; 발이 내려오다, 밟다(⻊=발+台=내려오다)
路(길 로) ; 발이 다니는 길(⻊=발+各=내려오다, 걷다)
跡(자취 적) ; 발이 지나간 흔적(⻊=발+亦=자취)
踊(뛸 용) ; 물이 솟듯 발이 뛰다(⻊=발+甬=물 솟아오르다)

足(발 족)　　　　止(발 지)
발 모양 그대로 '발'이란 음의 뜻을 담고 있다

【관련한자②】

足 = 疋

疋(필 필, 발 소) ; 발, 둘이 하나인 짝(疋=足)

* '足'은 발의 모양이다.
* '足'의 '발'은 '밝음'이라는 뜻이며 '밝음'으로부터 '불', '뿌리', '뿔', '해', '하늘' 등의 의미가 연결된다.

【관련한자③】

足 = 止

止(발 지, 그칠지) ; 발은 걷는다, 움직인다, 멈춘다
가고 멈추는 것은 발의 기능이다
① 발 ② 그치다 ③ 밝음, 붉음, 해

企(꾀할 기) ; 하늘(근본)을 지향하다(人=지향하다+止=해, 하늘)
址(터 지) ; 발(뿌리)을 멈춘 곳이 터(土=땅+止=발, 뿌리, 해)
沚(물가 지) ; 물이 가다가 멈춘 곳(氵=물+止=발, 멈추다, 뿌리)
祉(복 지) ; 복은 하늘에서 온다(示=하늘에서 오다+止=해, 하늘)
武(굳셀 무) ; 마음이 원하는 바를 할 만 하다(止=해+弋=취하다)
歷(지낼 역) ; 사람의 발자취(厤=곡식이 자라다+止=발, 해)
齒(이빨 치) ; 해처럼 빛나는 앞니(止=해(발)+𠚕=이)

步(걸음 보) ; 걷는 발걸음(止=발+止=발)
陟(오를 척) ; 걸어서 언덕을 오르다(阝=언덕+步=발걸음)
歲(해 세) ; '해'의 위세로부터 취하다(止=발, 해+威=위세)

此(이 차) ; 해와 칠성처럼 모두 아는 이것(止=해+匕=북두칠성)
些(적을 사) ; 둘로 나누어 적다(此=해와 칠성+二=나누다)
佌(작을 차) ; 둘로 나누어 작다(亻=닮았다+此=해와 칠성)
紫(자줏빛 자) ; 해와 칠성의 결합 색(此=해와 칠성+糸=잇다)

【관련한자④】

止→士

寺(절 사) ; 태양을 맡아 살피는 곳(士(止)=해+寸=잡다)
時(때 시) ; 절에서 해의 운행을 살펴 때를 알다(日=해+寺=절)
侍(섬길 시) ; 절에서 해를 섬기듯 섬기다(亻=닮았다+寺=절)
恃(믿을 시) ; 절 사람들은 해(불)를 믿는다(忄=마음+寺=절)
待(기다릴 대) ; 절에서 해를 기다리다(彳=오가다+寺=절)
持(가질 지) ; 절에서는 손에 무언가를 쥐고 있다(扌=손+寺=절)
峙(우뚝 솟을 치) ; 절은 주로 깊은 산에 있다(山=산+寺=절)
詩(시 시) ; 절에서 해를 예찬하는 말(言=말, 찬양+寺=절)
等(가지런할 등) ; 절 무리들의 등급(竹=대, 내려오다+寺=절)
特(수컷 특) ; 절에서 제사 때 쓰는 특별한 소(牛=소+寺=절)
跱(머뭇거릴 치) ; 절 사람들은 서둘지 않는다(足=발+寺=절)

【관련한자⑤】

止→ㅗ

前(앞 전) ; 배가 향해 나가는 쪽(止=발, 해+舟=배+刂=가르다)
煎(달일 전) ; 배가 해를 향하듯 불로 나아가다(前=앞+灬=불)
箭(화살 전) ; 활의 앞으로 나가는 화살(竹=대+前=해 향해 가다)
葥(질경이 전) ; 길가 여기저기 나는 풀(艹=풀+前=앞, 해)

【관련한자⑥】

止=之

乏(가난할 핍) ; 쓰고 또 써서 가난하다(丿=가다+之=가다)
芝(지초 지) ; 해의 붉은 색이 나는 지초(艹=풀+之=발, 불, 붉다)

075. 夕(저녁 석) : 밝음이 어둠과 섞이는 저녁

夕

(저녁 석)

【배경】

해는 간다
하루 종일 하늘을 걸어간다
걷다 서산에 이르러 어둠과 섞인다
해가 어둠과 섞이는 저녁

【알아두기】

① 발(夕=夂=夊=疋=足), 밝음, 불, 뿌리, 해, 하늘
② 걷다
③ 섞이다
④ 저녁

【관련한자】

夕(저녁 석) ; 해가 걷다가 어둠과 섞이는 저녁
外(밖 외) ; 해가 걷는 해가 있는 쪽 밖(夕=해의 발걸음+卜=해)
名(이름 명) ; ~에 이르러 얻은 명성(夕=발걸음+口=영역)
多(많을 다) ; 해로부터 생긴 많은 것(夕=발, 가다)
侈(사치할 치) ; 많은 것이 지나쳤다(亻=닮았다+多=많다)
夆(끌 봉) ; 서로 친화력이 있다(夂=발, 해+丰=천지인)
夌(언덕 릉) ; 해처럼 둥글게 솟은 땅(圥=땅+夊=발, 걸음, 해)
陵(큰 언덕 릉, 무덤 릉) ; 언덕처럼 솟은 땅(阝=언덕+夌=둥근)
麥(보리 맥) ; 봄에 나는 곡식 보리(來=오다+夂=봄(발, 불))

歹(부서진 뼈 알) ; 근본(알)으로 돌아가다(一=하늘+夕=발, 가다)
死(죽을 사) ; 북두칠성으로 돌아가다(歹=뼈로 가다+匕=칠성)
殆(위태할 태) ; 죽음에 직면하다(歹=죽음+台=내려오다)

'夕'자는 해의 '발'을 나타낸다

夕(저녁 석)

076. 癶(등질 발) : 서로 등을 진 두 발

癶

(등질 발)

【배경】

발은 둘이다
두 발은 서로 같은 쪽을 향해야 한다
두 발 모두 뿌리인 해를 향하는 것이 옳다

두 발이 서로 등지면
그것은 어긋난 것이다

【의미】

① 발, 두 발
② 등지다, 어긋나다, 사이가 멀어지다
③ 밝음, 해, 하늘
④ 향하다

【관련한자①】

癶(등질 발) ; 두 발이 서로 다른 쪽을 향하다
登(오를 등) ; 하늘에 공을 들이다(癶=하늘+豆=콩, 공, 제기)
癸(헤아릴 계) ; 해의 속성을 분별하다(癶=해+天=하늘)
葵(해바라기 규) ; 해를 바라는 식물(癸=해를 바라다+艹=식물)
揆(헤아릴 규) ; 어떤 해인지 분별하다(扌=손, 분별+癸=헤아리다)
發(쏠 발) ; 해(목적지)를 향해 나아가다(癶=해+=활)

【관련한자②】

癶=舛

舛(어그러질 천) ; 두 발이 서로 다른 방향을 향하다(夕=발=발)
舜(순임금 순) ; 새 순처럼 새롭게 한 사람(爫=잇다+舛=다르다)
舞(춤출 무) ; 두 발이 무수히 어그러지다(無=무수히+舛=어긋나다)
夗(누워 뒹굴 원) ; 둥글게 구르다(夕=발+㔾=둥글게 굽었다)

* '癶'자는 두 발이 서로 다른 방향을 향해 등을 대고 있는 모양으로, 서로 '등졌다'라는 의미로 쓴다.
* '발'이 '밝음'을 뜻하므로 '밝음', '해', '하늘'의 뜻으로 쓴다.

077. 疋(발 소, 필 필) : 둘이 하나인 발

疋

(발 소, 필 필)

【배경】

발은 뿌리다
사람의 뿌리다, 바탕이다, 근원이다

발은 둘이 짝이다
둘이 있어 온전한 하나가 된다

【의미】

① 발
② 둘, 짝, 둘이 있어야 온전한 하나가 되는 관계
③ 소, 기초 원소, 바탕

【관련한자】

疋(필 필, 발 소) ; 발은 둘이 한 짝이다, 밝음이 바탕이다
定(정할 정) ; 발이 방향을 정하다(宀=집, 영역, 틀+疋=발)
碇(닻 정) ; 단단하게 묶어 머물게 하다(石=돌+定=정하다)

胥(서로 서) ; 두 발과 같은 짝의 관계(疋=발+月=떨어져 있다)
壻(사위 서) ; 딸의 짝으로 온 사내(士=나오다+胥=짝을 이루다)
諝(슬기 서) ; 상대를 배려하는 것이 지혜로운 말(言=말+胥=짝)
蛋(새알 단) ; 해처럼 둥근 새 알(疋=발, 해, 둥글다+虫=생명체)

是(옳을 시) ; 발이 해를 향하는 것은 옳다(日=해+疋=발)
匙(숟가락 시) ; 북두칠성을 닮은 숟가락(是=옳다+匕=칠성)
堤(방죽 제) ; 흙으로 둑을 쌓는 것은 옳다(是=옳다+土=흙)
禔(복 지) ; 하늘과 연결된 것이 복(示=하늘+是=옳다)
提(끌 제) ; 당기는 것이 손의 기능(扌=손+是=옳다)
題(표제 제) ; 머리로 뽑은 글 제목(是=옳다+頁=머리)

* '疋'자는 '足'자와 모양이 같다.
* 발은 둘이 있어야 온전한 하나가 된다.
* '발'은 '밝음'이고 '밝음'은 '해'가 뿌리이며 근본이다.
* '발'의 근원이 '밝음'이므로 발이 해를 향해있는 것이 옳다.

078. 束(묶을 속) : 속에 무언가를 담아 묶다

束

(묶을 속)

【배경】

푸대 안에 무언가를 담았다
푸대에 담아 위 아래를 묶었다, 봉했다
푸대 속은 어둠이다

【의미】

① 묶다, 맺다
② 동여매다, 결박하다, 잡아매다, 합치다
③ 언약하다

【관련한자】

束(묶을 속) ; 속에 넣고 포대의 위아래를 묶다
東(동녘 동) ; 어둠을 트고 밝음이 나오다(束=포대+一=터지다)
速(빠를 속) ; 어둠은 빨리 지나간다(辶=가다, 이동+束=묶다)

柬(가릴 간) ; 포대 속에서 가려내다(束=포대+丶=분별하다)
揀(가릴 간) ; 손으로 가려내다(扌=손+柬=분별)
涑(헹굴 속) ; 마무리하는 과정이라는 의미(氵=작용+束=묶다)
練(익힐 련) ; 연이어서(계속해서) 분별하다(糸+柬=연결+분별)
諫(간할 간) ; 분별하여 하는 말(言=말+柬=분별)

'束'자는 포대 속에 무언가를 담아 묶은 모양
언약은 서로 간의 뜻과 말을 담아 묶어둔 것

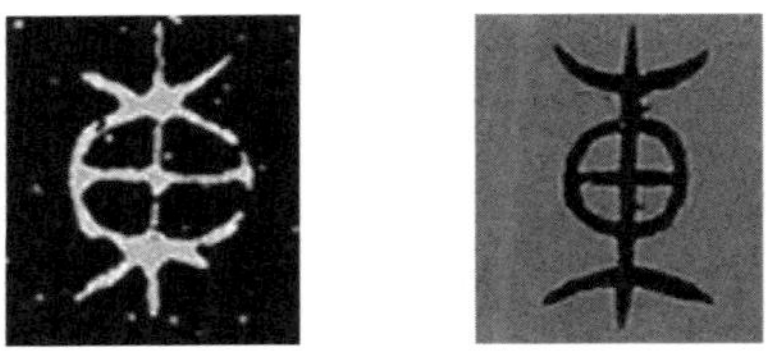

東(동녘 동)의 옛 글자, '束+一'로 되어 있다

079. 貝(조개 패) : 사람의 마음을 사는 패물

貝

(조개 패)

【배경】

바닷가 조개껍질
예쁜 조개껍질 모아 연인의 마음을 사로잡는다
패물로 쓴다
옛날엔 화폐로도 썼다

【의미】

① 조개
② 재물, 재산, 재화, 패물
③ 타고난 성품, 책임, 역할

【관련한자】

貝(조개 패) ; 조개, 조개껍질, 패물, 재화, 재물, 성품
貞(곧을 정) ; 원래 타고난 곧은 성품(卜=하늘+貝=조개, 성품)
貢(바칠 공) ; 위에 바치는 재물(工=위와 관련되다+貝=재물)
財(재물 재) ; 무언가를 할 수 있는 재화(貝=재물+才=손, 재주)
買(살 매) ; 물건을 잡다(罒=그물, 잡다+貝=물건)
賣(팔 매) ; 모은 재물이 나가다(買=사다+士=나오다, 나가다)
貴(귀할 귀) ; 성품을 잘 지켜 귀하다(臼=두 손+貝=타고난 성품)
賤(천할 천) ; 천성을 빼앗겨 천하다(貝=천성+戔=빼앗기다)
貪(탐할 탐) ; 재화를 보면 욕심이 생긴다(今=지금+貝=재물)
貧(가난할 빈) ; 재물을 나누어 가난하다(分=나누다+貝=재물)
貫(꿸 관) ; 엽전(돈 꾸러미)을 모의다(毌=모여 있다+貝=재물)
貨(재화 화) ; 변화를 일으키는 재화(化=변화+貝=재물)
貸(빌릴 대) ; 재화를 대신 사용하다(代=대신+貝=재물)
資(재물 자) ; 무언가를 할 수 있는 재화(次=다음+貝=재물)
賊(도둑 적) ; 재화를 강제로 빼앗는 도둑(戎=무기+貝=재물)

* 조개는 옛날에 화폐로 쓰였다.
* 예쁜 조개껍질은 연인의 마음을 얻는 패물이다.

080. 車(수레 차) : 짐을 채워 나르는 차 수레

車

(수레 거, 수레 차)

【배경】

수레는 물건을 실어 나른다
물건을 싣고 운반한다
싣고 나르기 위해 가득 채운다
수레는 두 바퀴로 간다
수레바퀴는 해처럼 둥글다

【의미】

① 수레, 차
② 운반, 운반하는 도구
③ 채우다, 가득차다(천지인의 상징)
④ 차다, 차겁다, 차가워져서 굳다

【관련한자】

車(수레 차) ; 짐을 실어 목적지로 나르는 수레
軍(군사 군) ; 전쟁을 위해 준비된 군사(冖=덮다+車=수레, 온전함)
揮(휘두를 휘) ; 권한이나 도구를 사용하다(扌=손, 사용+軍=군)
運(돌 운) ; 태우고 가다, 돌아가다(辶=움직이다, 가다+軍=무리)

庫(곳집 고) ; 쓸 도구 장비를 보관하는 집(广=시설, 집+車=수레)
輀(상여 이) ; 상여는 해로 가는 마차(車=수레+而=해)
輩(무리 배) ; 손이 둘인 것처럼 여럿(非=두 손+車=차, 완성)
轉(구를 전) ; 수레는 오로지 구르는 것(車=수레+專=오로지)
軟(부드러울 연) ; 얼지 않아 부드럽다(車=차다, 굳다+欠=흠)
輕(가벼울 경) ; 수레가 물 흐르듯 간다(車=차+巠=물, 흐르다)

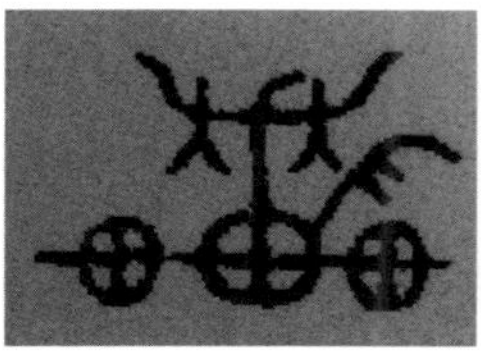

* 짐을 실어 나르는 수레는 채워야 한다, 수레는 채워서 온전해진다.
* 채워서 온전해 지는 것을 '천지인'을 갖추었다고 말한다.
* 우리 전통의 명절 '차례'는 '채우는 예'로 평소 잊고 지낸 하늘, 조상을 찾아 채운다는 의미
* 짐을 실은 수레는 만물을 실은 지구와 같다.

081. 雨(비 우) : 위에 있다가 날아오는 비

雨

(비 우)

【배경】

비가 온다
위 하늘에서 온다
미리 준비되어 있다가 날아온다
하늘에서 세상으로 날아서 온다

【의미】

① 비
② 날씨, 기후

【관련한자】

雨(비 우) ; 하늘에서 날아오는 물방울(一=하늘+冂=경계)
雲(구름 운) ; 비를 내리는 것이 구름(雨=비+云=이르다)
雷(우레 뢰) ; 기후 작용의 하나인 우레(雨=비+田=세상)
電(번개 전) ; 하늘에서 오는 번개(雨=기후+田=세상+ㄴ=내리다)
霜(서리 상) ; 날씨 관련 서리(雨=기후+相=서로, 보살피다)
露(이슬 로) ; 비처럼 왔다가 곧 가는 이슬(雨=비+路=길)
雩(기우제 우) ; 비가 내리게 하다(雨=비+亏=오다. 내리다)
霧(안개 무) ; 많은 작은 물방울(雨=비+務=무성하다)

雨(비 우)

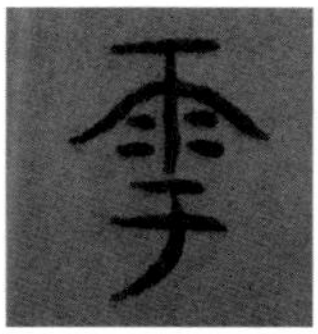

雩(기우제 우)

* '雨'는 하늘(一)에서 물방울이 세상(冂)으로 내려오는(丨) 모양
* 하늘에 구름이 모여 무거워지면서 물방울이 되어 떨어진다.
* '雨'의 '비'는 하늘에 물방울이 비축(備蓄)되어 있다가 날아온다(飛行)는 의미

082. 卒(병사 졸) : 임금과 제후의 호위 군사

卒

(병사 졸)

【배경】

임금은 해
임금을 호위하는 제후는 해의 살(햇살)
임금과 제후를 지키는 병사는 햇살 끝의 기운

'임금과 제후와 병사'는
'해와 햇살과 기운', '마음과 몸과 기운'
'마음과 몸과 옷', '활과 화살과 기운'처럼 '천지인'

【의미】

① 해의 기운
② 병사, 막아주다
③ 근본에서 끝(말단)으로 나아가다, 진행하다, 약하다
④ 임금과 제후에 이어 세 번째

【관련한자】

卒(군사 졸) ; '해와 햇살과 기운'='임금과 제후와 병사'의 병사

粹(순수할 수) ; 해의 기운은 순수하다 (米=햇살+卒=군사, 기운)

碎(부술 쇄) ; 중심에서 밖으로, 돌→모래(石=돌+卒=나뉘어지다)

雜(섞일 잡) ; 해와 해 닮은 것들이 서로 섞이다

(卒=해의 기운+隹=해 비슷한 새)

셋의 구조(왕과 제후와 병사)

卒(군사 졸)
(衣 + 十)

* '卒'자는 '衣+十'으로 된 것
* 하늘과 땅과 만물, 해와 햇살과 기운, 마음과 몸과 기운, 마음과 몸과 옷 등의 관계를 임금과 제후와 병사의 관계에 적용하여 화살촉으로 병사를 나타낸다.

083. 昔(옛 석) : 어둠 뚫고 해가 처음 뜬 옛날

昔

(옛 석)

【배경】

해가 떠오른다
아침 해가 떠오른다
매일 뜨는 해 언젠가 처음 뜬 그 때

아주 오래 전 옛날
해가 처음 떠오를 때
세상은 온통 어둠과 빛이 뒤섞여 있었다

【의미】

① 옛날, 오래되다
② 해, 해가 처음 떠오를 때, 어둠과 밝음이 섞인 때
③ 섞이다

【관련한자】

昔(예 석) ; 해가 처음 떠오른 것은 아주 오랜 옛날

借(빌 차) ; 만물은 해의 기운을 빌려 쓴다(亻=닮다+昔=해, 기운)

惜(아낄 석) ; 해의 기운을 소중히 여기다(忄=마음+昔=해)

寣(밤 석) ; 해가 집에 들어간 밤(宀=덮다+昔=기운, 해)

錯(섞일 착) ; 해의 기운이 서로 섞이다(金=김, 기운+昔=해, 기운)

焟(쬘 석) ; 불과 섞다 즉 불을 쬐다(火=불+昔=해의 기운)

* '昔'은 해가 떠오를 때 해에 앞서 나오는 '기운'의 모양이다.
* 해가 뜰 때 어둠과 밝음이 섞이는데 '석'은 '섞인다'는 뜻
* '해와 햇살과 해의 기운'을 '활과 화살과 화살촉'의 관계로 이해하여 '화살촉'으로 '해의 기운'을 나타낸다.

084. 金(쇠 금) : 해의 정기로 만들어지는 쇠

金

(성 김, 쇠 금)

【배경】

햇살은 해의 살
햇살 곁에는 언제나 김과 같은 따뜻한 기운이 있다
해의 기운이 있다

'해와 햇살과 기운'은 '불과 물과 김'이다
'활과 화살과 화살촉'처럼 '마음과 몸과 기'처럼

【의미】

① 김, 기운
② 세 번째
③ 해의 기운, 정기
④ 해의 무리, 김씨
⑤ 금속

【관련한자】

金(쇠 금) ; 해의 정기로 만들어진 금속, 쇠, 김
錦(비단 금) ; 햇살같이 하얀 옷감 비단(金=햇살+帛=비단)
銀(은 은) ; 금에서 갈려나간 금속(金=햇살, 금+艮=가다)
銅(구리 동) ; 금속의 한 종류(金=금속+同=같다)
錫(주석 석) ; 잘 섞이는 금속(金=금속+易=쉽다)
針(바늘 침) ; 금속으로 된 침(金=금속+十=새끼)
釣(낚시 조) ; 미끼를 단 낚는 금속(金=금속+勺=담다)

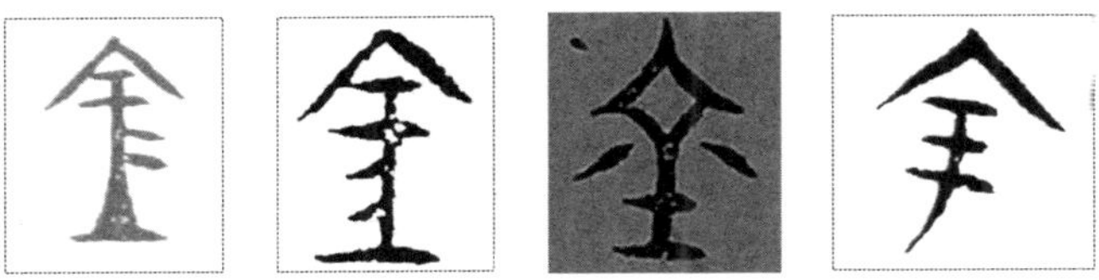

* ‘金’자는 ‘矢+丶丶’으로 이루어 졌으며, ‘矢’는 ‘화살’로 ‘햇살’을 나타내고 ‘丶丶’은 햇살에 붙은 기운을 나타낸다.
* 활과 화살은 해와 햇살의 상징이므로 ‘화살(矢)’로 ‘햇살’을 나타낸 것이다.
* ‘金’으로 표시되는 ‘김씨’는 ‘해의 무리’라는 의미다.

085. 來(올 래) : 새가 허공을 날아 오다

來

(올 래)

【배경】

새가 온다
위 하늘을 날아온다
새가 날아온다
하늘에서 땅으로 온다

【의미】

① 오다
② 날아오다

【관련한자】

來(올 래) ; 새가 하늘에서 날아오다
麥(보리 맥) ; 봄에 나는 보리(來=오다+夕=발, 불, 봄)

來(올 래{내})의 옛 글자

* '來'자는 하늘을 나는 새의 모양이다.
  새가 날아오는 모습을 이용해서 '오다'라는 의미로 쓴다.

086. 咅(침 부) : 침처럼 뾰족하게 서있다

咅

(침 부)

【배경】

서 있다
무언가가 서있다
땅에 서 있다

【의미】

① 서다
② 세우다
③ 침

【관련한자①】

咅(침 부) ; 침이 서 있다(立=서 있다+口=어떤 것, 땅)
倍(곱 배) ; 비슷한 것이 또 서 있다(둘이다)(亻=닮다+咅=서다)
培(북돋울 배) ; 땅을 세우다, 북돋우다(土=흙, 땅+咅=세우다)
部(거느릴 부) ; 읍한 사람들이 서있다(咅=서다+阝=읍하다)
賠(물어줄 배) ; 재물을 세워주다(貝=재물+咅=서다, 세우다)
陪(쌓아올릴 배) ; 언덕처럼 세우다, 쌓다(阝=언덕+咅=세우다)
焙(불에 쬘 배) ; 불 곁에 서다(火=불+咅=서다, 세우다)
毰(날개 칠 배) ; 털을 세우다, 날개를 치다(毛=털+咅=세우다)
痦(흉터 배) ; 온전치 못한 흉터(疒=불완전함+咅=서다)
婄(살찔 부) ; 중심을 북돋우다(女=중심+咅=서다, 세우다)
掊(그러모을 부) ; 긁어모아 세우다(扌=손+咅=세우다)

* '咅'자는 '立'과 '口'로 된 글자다.
'서 있는 곳', '땅에 서 있다'라는 뜻이다.

【관련한자②】

咅→啇

啇(밑동 적) ; 견고하게 서있는 밑동(咅=서다+古=굳다)
適(갈 적) ; 밑동이 움직이다(辶=가다+啇=밑동)
敵(원수 적) ; 맞서는 밑동(啇=밑동+攵=치다, 맞서다)
摘(딸 적) ; 밑동에 손을 대다, 따다(扌=손+啇=밑동)

087. 門(문 문) : 하늘과 소통하는 머리의 문

門

(문 문)

【배경】

사람의 머리에 문이 있다
사람마다 하나의 문이 있다

하늘과 사람이 서로 소통하는 문이다
문으로 마음과 하늘이 서로 통한다
문으로 세상을 헤아린다

【의미】

① 문, 출입문
② 문벌, 집, 집안, 공간
③ 여럿, ~들

【관련한자】

門(문 문) ; 사람의 머리 정수리의 문
們(들 문) ; 머리에 문을 가진 사람들(亻=닮았다+門=정문)
捫(어루만질 문) ; 하늘의 마음으로 쓰다듬다(扌=만지다+門=얼)
問(물을 문) ; 머리의 문으로 묻다(門=문+口=입)
聞(들을 문) ; 귀는 소리를 듣는 문이다(門=문+耳=귀)
開(열 개) ; 머리의 문으로 하늘이 내려오다(門=문+幵=내려오다)
閉(닫을 폐) ; 문을 붙잡다, 소통하지 못하다(門=문+才=손)
閒(틈 한, 사이 간) ; 문 사이가 떨어지다(門=문+月=간격)
閃(번쩍할 섬) ; 문을 통해 들어오다(門=문+人=내려오다)
閑(막을 한) ; 문에 나무가 걸쳐 있다(門=문+木=나무, 막대)
閥(공훈 벌) ; 벌어들인 공이 있는 집안(門=문벌, 집안+伐=벌다)
閨(도장방 규) ; 여성들의 공간(門=문, 공간+土=여성)

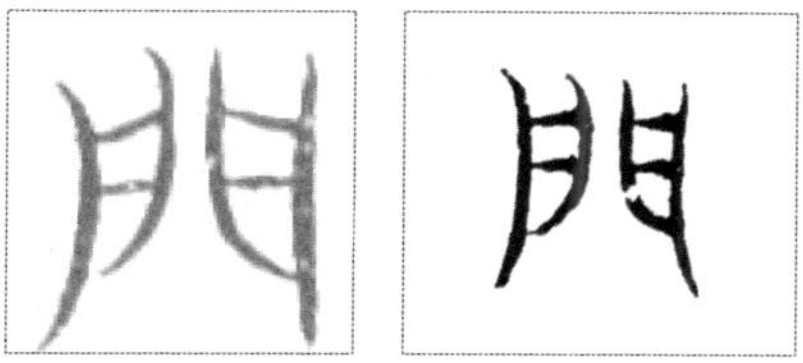

門(문 문)의 옛 글자

* 한 사람에게 하나의 문이 있는데, '們'자는 머리의 정문(頂門)이 둘이 있으므로 '사람들'의 의미로 쓴다.
* '문'의 의미는 사람의 머리 중앙에 있는 정문에서 기원

088. 昷(어질 온) : 해가 온 것처럼 불을 담다

昷

(어질 온)

【배경】

해가 내려와 그릇에 담기다
해가 오다, 해가 왔다
온 해는 따뜻하다, 가득하다, 온전하다

【의미】

① 오다
② 전부
③ 따뜻하다

【관련한자】

昷(어질 온) ; 그릇에 해를 담았다(日=해+皿=그릇, 용기)
溫(따뜻할 온) ; 해를 담아 따뜻하다(氵=작용+昷=해를 담다)
縕(헌솜 온) ; 해처럼 따뜻하게 하는 옷감(糸=실, 섬유+昷=온기)
氳(기운 성할 온) ; 해를 담은 것 같은 기운(气=기운+昷=온기운)

* '100(百)'을 '온'이라 한다.
* 우리의 난방시설 '온돌'은 '해가 온 것'처럼 '해의 기운'처럼 따뜻한 돌이라는 뜻이다.
* '전주(全州)'의 옛 이름 '온다라'의 '온'은 '전부', '온전하다'라는 뜻이다.
* '온누리'의 '온'은 해가 비치는 전 지역이라는 의미다.

089. 韋(다를 위) : 빙빙 돌며 호위하다

韋

(다를 위)

【배경】

소중한 영토
지키고 보호한다
적과 짐승으로부터 밤낮으로 보호한다
빙 돌며 호위한다

【의미】

① 발
② 호위하다
③ 다르다

【관련한자】

韋(다를 위) ; 순임금은 다른 사람과 다르게 가부장제를 도입
偉(다를 위) ; 무언가 다른 일은 하다(亻=닮았다+韋=다르다)
違(어길 위) ; 다르게 가다(辶=가다+韋=다르다)
衛(지킬 위) ; 호위하여 지키다(行=다니다+韋=빙 두르다)
緯(씨 위) ; 위에서 아래로 가는 선(糸=실, 선+韋=빙 두르다)
圍(둘레 위) ; 지키는 경계(口=둘러싸다+韋=빙 두르다)
暐(햇빛 위) ; 두루 비치는 햇빛(日=태양, 해+韋=빙 두르다)
諱(꺼릴 휘) ; 일상과 다른 말이라는 의미(言=말+韋=다르다)
韓(나라이름 한) ; 고대 우리 한겨레의 선조들이 세운나라
(倝=선조 모신 사당에 제 드리다+韋=순의 이름)

호위(護衛)의 시체자(始體字)
순임금의 이름자로 알려져 있으며 변하여 韋가된다

* '韋'자는 영토를 가운데 두고 둘레에 발을 그린 모양이다.
* '호위한다'는 의미다.
* '韋'자는 원래의 모양에서 좌우의 두 발이 생략된 모습이다.

090. 首(머리 수) : 하늘에 뿌리 둔 머리

首

(머리 수)

【배경】

머리 두 뿔은
하늘 향한 뿌리
하늘에 뿌리내린 머리
머리에 하늘이 내려온다

머리는 둥근 하늘
하늘 향한 두 뿔, 양의 머리

【의미】

① 머리
② 하늘이 내려와 있는 곳, 하늘의 일터
③ 시초, 으뜸, 먼저, 앞

【관련한자】

道(길 도) ; 하늘, 천지의 운행이 곧 도(辶=가다, 작용+首=머리)
導(이끌 도) ; 하늘의 이치대로 이끌다(道=길+寸=붙잡다)

頁(머리 혈) ; '首'의 머리 두 뿔을 가져다가 아래에 붙임
頂(정수리 정) ; 머리 꼭대기(頁=머리+丁=나오다)
夏(여름 하) ; 해가 왕성하고 열매가 많은 계절(頁=해+夊=작용)
項(목 항) ; 머리와 몸통을 연결하는 부분(工=연결+頁=머리)
順(순할 순) ; 하늘의 이치를 따르다(頁=머리+川=하늘)
頭(머리 두) ; 제사와 관련 머리 서열(豆=제사+頁=머리)
顔(얼굴 안) ; 머리에서 드러난 부분(彦=문이 있는+頁=머리)
願(원할 원) ; 머리의 본질은 바라는 것(原=근원+頁=머리)
類(무리 류) ; 머리가 많다는 의미(米=쌀+犬=붙어있다+頁=머리)
煩(괴로워할 번) ; 머리가 불타듯 하다(火=불+頁=머리)

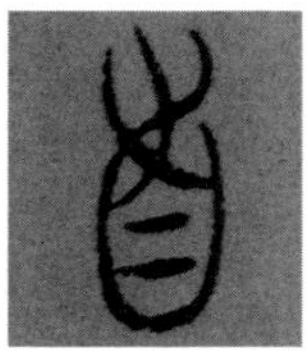

* '首'자는 두 뿔이 있는 양(羊)의 머리를 가져다가 만든 글자다.
* '頁'자는 머리의 두 뿔을 아래에 옮겨 놓은 모양이다.

091. 革(가죽 혁) : 여러 번 가공하는 가죽

革

(고칠 혁, 가죽 혁)

【배경】

가죽을 쓰려고 여러 번 손질하다
여러 번 성질을 바꾸다
중심을 고치다, 거듭 조절하다
성질을 고쳐 쓸모 있게 한다

【의미】

① 중심을 새롭게 하다, 성질을 바꾸다
② 고치다
③ 가죽

【관련한자①】

革(가죽 혁) ; 여러 번 가공해서 쓸 수 있는 가죽
靭(패) ; 새로운 중심(革=중심을 새롭게 하다+月=떨어져 나오다)
靴(신 화) ; 재료를 가공하여 만든 신(革=고치다+化=되다)
靮(고삐 적) ; 제어하기 위한 것의 의미(革=새롭게 하다+勺=담다)
霸(으뜸 패) ; 새 중심이 세상을 덮다(雨=세상 덮다+革=새 중심)

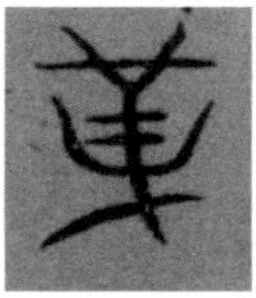
革(가죽 혁)의 옛 글자

* 가죽을 사용하기 위해서는 여러 번 가공과정을 거치게 되므로 '여러 번 성질을 바꾸었다'는 의미로 쓴다.

【관련한자②】

革 - 難 - 堇

堇(노란 진흙 근) ; 땅의 성질을 여러 번 고치다, 새롭게 하다
僅(겨우 근) ; 거친 땅을 겨우 개척하다(亻=닮았다+堇=거친 땅)
勤(부지런할 근) ; 거친 땅 개척위해 힘쓰다(堇=진흙+力=힘쓰다)
艱(어려울 간) ; 어려움은 하늘이 준다(堇=진흙+艮=하늘이 가다)
難(어려울 난) ; 나아가기 어렵다는 의미(堇=어렵다+隹=나가다)
謹(삼갈 근) ; 말을 여러 번 가다듬다(言=말+堇=여러 번, 어렵다)
覲(뵐 근) ; 어렵게 본다는 의미(堇=어렵다+見=보다)
灘(여울 탄) ; 어렵게 흐르는 물(氵=물+堇=어렵다+隹=나가다)

* '堇'자는 '중심을 새롭게 한 땅' 즉 사용하기 위해 여러 번 힘쓴 '새 땅'이라는 의미다.

092. 黑(검을 흑) : 불에 타고 남은 검은 재

黑

(검을 흑)

【배경】

불이 탄다
불에 탄다
타고 나면 재가 남는다

재는 검은색이다
검은 재는 근본으로 돌아갔다는 의미다
죽음에 검은 옷을 입는다

【의미】

① 불에 타다
② 검다
③ 고요하다

【관련한자】

黑(검을 흑) ; 불에 타고 또 타서 검다(口=사물+火=불+火=불)
墨(먹 묵) ; 불에 탄 것 같은 검은 흙 먹(黑=타다+土=흙)
默(잠잠할 묵) ; 다 타서 재 된 곳에 흐르는 고요
(黑=타다+犬=곁에 붙어있다)
黓(검을 익) ; 불에 탄 곳에서 취한 검은 색(黑=타다+弋=취하다)
黨(무리 당) ; 지향하는 바가 같은 무리들(尙=지향하다+黑=타다)

黑(검을 흑)

* '黑'자는 물건이 불에 타고 또 타는 모양의 글자다.
* 네모 안의 세 개의 획은 '천지인'의 상징이므로, 천지인을 갖추면 하나의 개체로 본다는 뜻이다.
* 중앙의 '土'자는 '火'자의 변형이며 '灬' 역시 '火'자의 변형이다. '火'를 두 개 겹쳐서 쓴 것은 '타고 또 탔다' 즉 완전히 타버렸다는 의미다.

093. 鳥(새 조), 隹(새 추) : 하늘과 땅 사이

鳥, 隹

(새 조)　　　　(새 추)

【배경】

새는
하늘을 나는 새는
하늘과 땅 사이를 날아다닌다
하늘과 땅을 이어준다
새는 태양(하늘)의 사자다

【의미】

① 새
② 사이, 금
③ 해, 가다

【관련한자①】

鳥(새 조) ; 새의 모양, 새가 짐승의 뿌리
鳧(오리 부) ; 물결 위에 떠 있는 새 오리(鳥=새+几=물결)
鳳(봉새 봉) ; 잠깐 나타났다가 사라지는 새(几=물결+鳥=새)
鳦(제비 을) ; 해 속의 새, 태양조 제비(鳥=새+乙=해)
鳴(울 명) ; 새는 울음소리로 자신을 드러낸다(口=입+鳥=새)

【관련한자②】

鳥=隹

隹(새 추) ; 새의 모양
集(모일 집) ; 새들이 모여드는 둥지(木=나무+隹=해, 새)
進(나아갈 진) ; 해가 움직이듯 나가다(辶=가다+隹=해, 새)
推(옮을 추) ; 해가 가듯 움직이다(扌=손+隹=해, 새)
隻(새 한 마리 척) ; 새를 손으로 잡다(隹=해, 새+又=손)

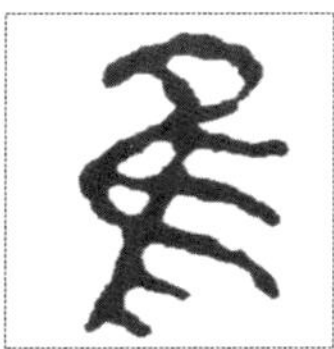

* 하늘과 땅 사이를 날아다니는 새는 '사이'다. '사이'가 깨진 것을 '금갔다'라고 한다. 날짐승을 禽(날짐승 금)이라 한다.
* 하늘을 나는 새를 해의 사자(使者), 하늘의 상징으로 여겼다.

094. 僉(다 첨) : 만물은 다 하늘에서 온 것

僉

(다 첨)

【배경】

이 세상 만물은
다 하늘에서 내려왔다
하늘에서 내려와 갈라지고 갈라졌다
하늘에서 왔으므로 다 하늘이다

【의미】

① 다, 모두, 전부
② (하늘에서)오다, (내려와)서있다
③ (세상에)더하다

【관련한자】

僉(다 첨) ; 이 세상 만물은 다 하늘에서 왔다(亼=하늘+只=오다)
劍(칼 검) ; 무엇이든 다 자르는 신성한 검(僉=다+刂=가르다)
儉(검소할 검) ; 전부인 듯 하나 아니다(亻=닮았지만 아니다+僉=다
檢(봉함 검) ; 다 담아서 봉하다(木=나무, 연결+僉=다, 모드)
劒(칼 검) ; 다 자르는 신성한 칼(僉=다, 모두+刃=칼날)
撿(단속할 검) ; 온전하도록 살펴서 맞추다(扌=손+僉=다, 모두)
瞼(눈꺼풀 검) ; 눈을 다 덮는 눈꺼풀(目=눈+僉=다, 내려오다)
歛(바랄 감) ; 부족한 부분을 바라다(僉=다, 모두+欠=흠, 부족)
險(험할 험) ; 하늘 향해 뾰족하게 솟다(阝=언덕+僉=오다)
驗(증험할 험) ; 상대가 되는 것(馬=짝+僉=오다)

* '僉'자는 이 세상 만물이 다 하늘에서 왔다는 것을 의미한다.
모두 다 하늘에서 와 살다가 다시 하늘로 돌아간다는 의미다.

095. 蜀(나라 이름 촉) : 화초의 촉처럼 솟다

蜀

(나라이름 촉)

【배경】

화초의 새싹이 나다
꽃대가 솟다
홀로 우뚝 솟아나다

【의미】

① 나라이름 촉
② 꽃대
③ 처음

【관련한자】

蜀(나라이름 촉) ; 화초의 촉처럼 홀로 우뚝 솟다(蜀=촉, 홀로)
獨(홀로 독) ; 꽃대(촉)와 같이 홀로(犭=개, 짐승+蜀=촉이 홀로)
燭(촛불 촉) ; 꽃대와 같이 홀로 선 불(火=불+蜀=홀로, 촉, 꽃대)
觸(닿을 촉) ; 꽃대와 뿔(=뿌리)은 서로 닿아 있다(角=뿔+蜀=촉)

* 난초의 새싹이나 꽃대를 '촉(蜀)'이라 하며 화초의 새 촉이 나오듯 '솟아 나오다'라는 의미다.

096. 倝(해돋을 간) : 해 돋을 때 가는 사당

倝

(해돋을 간)

【배경】

해가 뜨면 하루가 시작된다
해를 맞으며 하루를 시작한다
해를 맞으며 해맞이 의례를 갖는다
해맞이 의식으로 하루를 시작하고 끝을 맺는다

【의미】

① 해, 해돋이
② 제사, 사당
③ 사당에 참배하다

【관련한자】

朝(아침 조) ; 해 돋는 아침 종묘에 가서 제사 드리다
(倝=해돋이, 종묘, 제사+月(舟)=주씨)

廟(사당 묘) ; 선조에게 제 올리는 집(广=집+朝=제사)

韓(나라이름 한) ; 위 씨가 종묘에 제를 올리다(倝=종묘+韋=위 씨)

幹(줄기 간) ; 뿌리에서 나오는 줄기(倝=종묘, 뿌리+干=하늘 오다)

乾(하늘 건) ; 하늘에 제사지내다(倝=해돋이, 종묘+乙=새, 알)

斡(돌 알, 관리할 알) ; 사당에서 칠성에게 제를 올리다
(倝=종묘, 사당+斗=북두칠성)

朝(아침 조)의 옛 글자

韓(나라 이름 한)의 옛 글자

* 그림은 '倝'과 '舟'가 결합한 '朝(아침 조)'자의 옛 모습이다.
* '倝'자는 해 뜨는 아침에 찾아가는 종묘, 사당의 표시다.
* 사당에서는 아침에 해가 뜰 때에 맞춰서 제사를 드렸으므로 '朝'자를 아침의 의미로 쓴다.

097. 麻(삼 마) : 삼은 나무의 짝

麻

(삼 마)

【배경】

밭에 삼이 자란다
나무 같이 자라는 삼
떼로 모여 자라는 삼
나무와 비교되는 삼
삼은 나무의 짝이다

【의미】

① 나무와 같은 식물, 나무와 비교할 수 있는 식물
② 삼, 삼나무
③ (나무의) 짝

【관련한자】

麻(삼 마) ; 집단으로 자라는 나무 같은 식물(广=짝+林=숲, 나무)
魔(마귀 마) ; 착한 신에 상대되는 악한 귀신(麻=짝+鬼=귀신)
摩(갈 마) ; 날(뿌리, 하늘)을 세우기 위해 갈다(麻=짝+手=손, 뿌리)
磨(갈 마) ; 날을 세우는데 짝이 되는 돌(麻=짝+石=돌)

麻(삼 마)의 옛 글자

* '麻'는 '广+林'으로 되어 있으며 '广'은 영역, 공간, 전체에 비교되는 부분을, '林'은 많은 나무를 나타낸다. 나무에 짝하는, 나무와 같은 식물이라는 의미다.
* 우리말의 '마'는 '맞이하다', '마중가다' 등의 표현에서 보듯이 '상대', '짝'의 의미를 가지고 있다.
* '삼'을 '마'로 부르는 것은 '나무의 짝', '나무와 비교되는 식물'로 본다는 의미.
* '말(馬)'을 '마'로 부르는 것은 '소의 짝'으로 본다는 의미. '소'는 하늘을 상징, '말'은 땅을 상징한다.

098. 無(없을 무) : 눈이 부셔서 보지 못하다

無

(없을 무)

【배경】

짙은 어둠, 보이지 않는다
없다

무수한 햇살, 눈이 부시다
볼 수 없다
빛이 없어도 빛이 많아도 볼 수 없다
없다

【의미】

① 무수히 많다, 무리
② 눈부시다, 빛나다, 햇살
③ 눈이 부셔서 보이지 않는다, 없다

【관련한자】

無(없을 무) ; 햇살이 너무 많아 볼 수 없다(수수수=화살 3개)
憮(어루만질 무) ; 햇살처럼 만지다(亻=닮다+無=햇살, 만지다)
廡(집 무) ; 이것저것 세간살이가 많다(广=집+無=많다)
撫(어루만질 무) ; 햇살처럼 손으로 만지다(扌=손+無=햇살)
蕪(거칠어질 무) ; 풀이 우거지다(艹=풀+無=무성하다)
憮(어루만질 무) ; 햇살 같은 마음으로 만지다(忄=마음+無=햇살)
嘸(분명하지 않을 무) ; 말이 많아 분명치 않다(口=말+無=많다)
幠(덮을 무) ; 햇살처럼 덮어 버리다(巾=수건, 덮다+無=햇살)
潕(물마를 무) ; 해의 작용으로 물이 증발하다(氵=작용+無=햇살)
舞(춤출 무) ; 발을 무수히 움직이는 것이 춤(無=많다+舛=발)

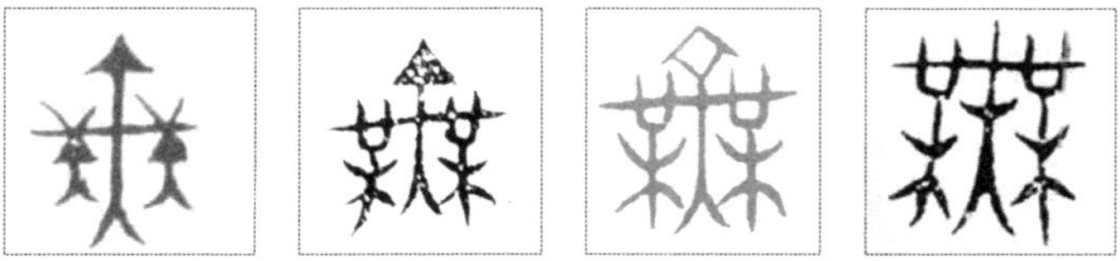

無(없을 무)의 옛 글자

* '無'자의 '없다'는 햇살이 너무 많아 '볼 수가 없다'라는 의미
'無'자는 '3개의 화살'로 되어 있으며 '셋'은 '많다',
'화살'은 '햇살'을 나타낸다.

099. 曾(일찍 증, 거듭 증) : 오고 또 오고

曾

(거듭 증, 일찍 증)

【배경】

하늘이 열리고 만물이 내려온다
내려온 만물
다시 뿌리인 해로 간다

솥 위에 시루 얹듯이 거듭 내려온다
층층이 오다보면 먼저와 나중이 있다

【의미】

① 거듭
② 일찍, 곧

【관련한자】

曾(일찍 증, 거듭 증) ; 솥 위에 시루 얹듯이 거듭됨
僧(중 승) ; 거듭 깨달음으로 변해가는 사람(亻=닮다+曾=거듭)
層(층 층) ; 집 위에 또 집이 있는 가옥구조(尸=집+曾=거듭)
增(불을 증) ; 땅이 불어나다, 땅을 늘리다(土=땅+曾=거듭)
憎(미워할 증) ; 쌓이고 또(거듭) 쌓인 미움(忄=마음+曾=거듭)
橧(집 증) ; 목재를 거듭 이어 만든 구조물(木=목재+曾=거듭)
贈(보낼 증) ; 더하게 하다(보내다)(貝=패물, 재화+曾=거듭)
甑(시루 증) ; 솥에 올려서 조리하는 그릇(曾=거듭+瓦=도기)
繒(비단 증) ; 실을 거듭 꼬아 만든 옷감(糸=실, 섬유+曾=거듭)
譄(더할 증) ; 말에 말을 더하다(言=말+曾=거듭)

솥 위에 놓인 떡시루와 불 때는 아궁이

曾(일찍 증)

* '曾'자는 '八+小+日'로 되어 '거듭'의 의미를 나타낸다.
  솥 위에 올리는 시루처럼 층층이 쌓였다는 의미다.
* 층층이 쌓다보면 위와 아래, 먼저와 나중이 있게 된다.

100. 龍(용 용) : 얼굴 담은 용기, 가면

龍

(용 용)

【배경】

신비의 동물, 용
상서로운 짐승, 용
큰 뱀이 변해서 되었다고도 하고 사슴의 뿔, 낙타의 머리용의 비늘 등 아홉 종류의 동물의 특징을 섞은 형상이라는 용

지금까지 아무도 본 사람이 없는 용
용은 가공의 상상의 동물이다

【의미】

1) 용
2) 임금, 신성하다, 상서롭다
3) 가면

【관련한자】

龍(용 룡) ; 여러 짐승의 특징을 이용하여 화려하게 꾸민 가면
𢖻(비틀거릴 룡) ; 용처럼 비틀거리며 가다(彳=가다+龍=용)
襲(엄습할 습) ; 임금의 기운이 밀려오다(龍=임금+衣=옷, 기운)
寵(괼 총) ; 임금으로써 백성에 대한 사랑(宀=영역+龍=임금)
矓(흐릴 룡) ; 눈이 가려져 있어 흐리다(目=눈+龍=덧씌여 있다)

龍(용 룡)의 옛 글자

龍자의 변화

* '龍'은 원래 사람의 얼굴 위에 덧쓰는 가면의 모양이었는데, 왕실 귀족들이 일반 백성과 달리 화려하고 특별하게 꾸미기 시작하면서 '龍'자는 임금을 대신하는 대표적인 상징이 되었다.
* '용(龍)'은 사슴의 뿔, 낙타의 머리, 토끼의 눈, 소의 귀, 뱀의 목, 조개의 배, 잉어의 비늘, 호랑이의 발, 독수리의 발톱 등, 아홉 동물의 특징을 가져다가 호화롭게 꾸며 만든 가공의 동물이다.

참고문헌

고조선의 명도전과 놈, 이찬구 지음(2013. 도서출판 동방의 빛 刊)
金文新攷(금문신고), 金文新考外編, 駱賓基 著
금문의 비밀, 김대성 엮음(2002. 도서출판 컬처라인 刊)
말은 어떻게 태어났나, 박병식 지음 (2002. 조선일보사 刊)
봉황, 눈을 뜨다, 박세당 지음(2014. 재미마주 刊)
불쌍한 대한민국, 강동민 저(2014. 솔과 학 刊)
史記表・書(사기표・서), 정범진 옮김(1996. 도서출판 까치 刊)
상징의 비밀, 데이비드 폰테너 지음(2003. 문학동네 刊)
禪家龜鑑(선가귀감), 서산대사 저(1978. 여원출판국 刊)
說文解字(설문해자), 許愼 著 段玉裁 註
世界哲學百科辭典(세계철학백과사전), 샤를르페팽 저(2012. 이숲출판사 刊)
소리바꿈 법칙, 박병식 편저(2008. 한민족문화연구원 刊)
詩經新解與古史新論(시경신해와 고사신론), 駱賓基 著
신의 지문, 그레이엄 헨콕 지음(도서출판 까치 刊)
씨아시말, 반재원 지음(2009. 도서출판 백암 刊)
어원으로 밝히는 우리 상고사(上, 下), 박병식 지음(2007. 용인대 刊)
엉터리사학자 가짜고대사, 김상태 지음(2012. 도서출판 책보세 刊)
歷代鐘鼎彝器款識(역대종정이기관지), 南宋 薛尙功 編著
ORIGINS(오리진) Richard E Leakey 共著(도서출판 두우 刊)
日本書紀 古代語는 한국어, 김인배 지음(1991. 도서출판 빛냄 刊)
中國民族古文字研究, 中國民族古文字研究會編(1984)
中國上古社會新論(중국상고사회신론), 駱賓基 著
中國神話傳說1, 2(2002. 위엔커 지음, 전인초 옮김, 민음사 刊)
중세국어의수량표현에대한연구, 조용상 저(1997. 학위논문)
中國哲學史(중국철학사), 박원재 옮김(1994. 도서출판 자작 아카데미 刊)
한국의 문자와 문자연구, 송기중 외편(2003. 집문당 刊)
한글창제의 원리와 옛글자살려쓰기, 반재원 지음(2007. 도서출판 역락)
漢字는 東夷族文字(한자는 동이족문자), 강상원 저(2007. 돈황문명출판사 刊)
한자의 기막힌 발견, 조옥구 지음(2010. 3. 도서출판 한자와 한글 刊)
訓蒙字會字釋研究 훈몽자회자석연구), 박병철 저(1984. 학위논문)
21세기 신설문해자, 조옥구 지음(2005. 8. 도서출판 백암 刊)

조옥구(趙玉九)

1955년 전북 옥구 出生
금암초등학교, 황등중학교, 원광고등학교, 원광대학교 사학과 졸업
동양 및 한국고대사 연구, 원시상형체문자 연구, 한자와 한글 연구
문명 기원·문화 원형·인문정신·동서문화의 동질성 등의 연구로
인류가 공유할 보편적 가치, 인류의 평화 행복을 추구하며
한자와 한글의 기원에 대한 연구, 강의, 교육 교재 집필중이다.

현 한자한글교육문화콘텐츠협동조합 이사장
현 한자중국어특성화대안학교 교장
한자 한글교육문화원 원장
저서 "21세기 신설문해자"(2005년 도서출판 백암 刊)
방송 STB상생방송(www.stb.co.kr) 한문화특강 "한자의 비밀 제1강, 제2강, 제3강)"

신개념 한자 학습서 2

백자초문百字抄文

2017년 12월 20일 초판 1쇄 발행
2021년 6월 10일 초판 2쇄 발행
2024년 3월 5일 초판 3쇄 발행

지은이 : 조옥구
펴낸이 : 김병환
펴낸곳 : 학자원
주　소 : 134-814 서울시 강동구 천호대로 1121
전　화 : 02) 6403-1000
팩　스 : 02) 6338-1001
E-mail : hakjaone@daum.net
등　록 : 2011년 3월 24일 제324-2011-14호

HAKJAONE Publishing Co.
1121 Cheonho-Daero Kangdong-Gu Seoul

ISBN : 979-11-87806-82-0 04700
979-11-87806-80-6 (세트)

값 18,000원